Caminando con Elías

La fábula de una vida y un alma plenas

Doobie Shemer

Traducido por Lorenzo Bermejo Thomas

ISBN-13: 978-0-9913494-5-6
ISBN-10: 0-9913494-5-8

"Caminando con Elías: La fábula de una vida y un alma plenas"
Escrito por Doobie Shemer
Copyright © 2015 Doobie Shemer
Todos los derechos reservados

Traducido por Lorenzo Bermejo Thomas

Diseño de portada © 2015 Raven Tree Design

Acerca del autor

El fascinante recorrido vital de Doobie Shemer empieza en su lugar de nacimiento, el kibbutz Givat-Brener de Israel. Con un profundo anhelo por explorar los significados de la vida, ha viajado y conocido muchas culturas —la India mística, el esplendoroso Chipre— antes de establecer su residencia en California, donde es un chamán activo proyectado en ayudar a su prójimo.

Ponte en contacto con Doobie si deseas una opinión o una revelación sobre tus desafíos personales, obstáculos profesionales o problemas de pareja enviando tu pregunta por medio del siguiente enlace:

www.walkingwithelijah.com

www.doobieshemer.com

Agradecimientos:

Mi gratitud de corazón a la abuela Tova por enseñarme lo que es el verdadero coraje, a mi madre Elizabeth por enseñarme a cuestionar las cosas, y a mi padre Haim por guiarme desde el cielo.

Agradezco a mi querido amigo Dana que me haya introducido al chamanismo, y a mi amada esposa Vicky su inspiración y el amor que me profesa.

Gracias a Esther Bradley-DeTally por su guía y apoyo, a mi editor Averill Buchanan, y al diseñador gráfico Zackary, de Raven Tree Design, quien ha diseñado la portada y las ilustraciones de este libro.

~Doobie,

Contenido

Prólogo: ix
   Acerca de este libro ix

Introducción: xi
   El kibbutz—Crecer en el paraíso xi

Capítulo I: 1
   ¿Eres mi maestro? 1
   Delfín, el animal de poder 4
   Hilla, la guía espiritual 9
   Elías, el maestro 14

Capítulo II: 19
   ¿Qué más hay ahí arriba? 19
   Oso, mi otro animal de poder 19
   Amarillo 22
   Azul, verde, rojo 24

Capítulo III: 29
   Mi trayectoria vital 29
   Abuela Tova 30
   Morir y el más allá 34
   Papá 37
   "Tu hijo es tu padre" 38

Capítulo IV: 47
   Mente, cuerpo y alma 47
   "¿Qué le ocurrió a Sharon?" 47
   Controlador, transporte y pasajero 50

Capítulo V: 57
   El amor y las almas 57

- *Amor* — 59
- *Almas gemelas* — 61
- *Destino* — 62
- *Almas simples* — 63
- *Ángeles* — 64
- *Profetas* — 65

Capítulo VI: — 67
- *Los Diez Mandamientos del alma* — 67
- *Primer y segundo mandamiento del alma* — 73
- *Tercer mandamiento del alma* — 73
- *Cuarto mandamiento del alma* — 74
- *Quinto, sexto, séptimo, octavo, noveno y décimo mandamientos del alma* — 74

Capítulo VII: — 77
- *La función de los opuestos complementarios* — 77
- *"El nuevo mundo": Sinfonía n.º 9 (Dvořák)* — 78
- *Adagio* — 80
- *Largo* — 81
- *Scherzo* — 83
- *Allegro* — 83

Capítulo VIII: — 87
- *Adivinar la verdad* — 87
- *Adivinación* — 88
- *Mundo Rojo* — 92
- *"Al llegar al final alcanzarás el principio"* — 95
- *¡Muchas gracias por tu lectura!* — 99
- *También de Doobie Shemer:* — 100
- *Alma Germinal: Poemas de la cosecha* — 100
- *Contacta con Doobie:* — 101
- *Tus comentarios y recomendaciones son fundamentales* — 102

Prólogo:

Acerca de este libro

Hilla y yo estábamos sentados en la playa en el Mundo Inferior. Observábamos a Delfín que nadaba en las cercanías sin pernos de vista. Ella, en silencio, extendió una mano buscando la mía.

—Hilla, hablamos de escribir un libro —dije—. Quiero poner todo por escrito, ayudar a las personas a comprender lo que es la vida, el amor y la amistad, y por qué son como son. Me gustaría compartir con los demás cómo es la vida en realidad y la manera en que yo la veo.

—Desde luego —contestó—. Lo harás, no te preocupes. Pero hay algo que debes aprender, no puedes acelerar estas cosas. Las escribirás cuando estés preparado, ni un minuto antes.

—Tienes razón, supongo —contesté tranquilo.

Estuvimos en silencio unos momentos. Delfín se nos acercó. Podía ver la curva de su fina espalda gris cuando intentaba mantenerse por encima del agua para oír nuestra conversación.

—Hablemos de mi libro, por favor —dije.

—Claro —respondió ella. Me miró sonriendo, y brillaron sus ojos verde-castaño.

—¿Cuál sería el tema del libro?

—Bueno, hemos estado visitando a Elías —contestó—. No sé de qué le gustaría hablar, ni qué cosas querría compartir contigo, así que mejor no lo planifiquemos. Continuaremos yendo a ver a Elías, y cada vez que vayamos, podría ser un nuevo capítulo, una nueva historia. Al final encontrarás que hay alguna clase de conexión entre los capítulos.

—De acuerdo, veremos qué tal irá eso —dije.

—Elías te ayudará. Te guiará.

Nos mantuvimos en silencio mientras mirábamos a Delfín en el agua esmeralda.

—Veo que tienes dudas —me dijo leyendo mi mente como de costumbre—. Quieres escribir un libro que divierta y que entretenga a las personas —continuó—. Pero no es para eso para lo que lo vas a escribir. Tu libro hará que la gente piense. Ayudará a aquellos que buscan respuestas y una dirección que seguir. No escribirás para complacerlos.

Y desde luego así fue.

Caminando con Elías es una colección de viajes chamánicos que he realizado con mi maestro, Elías, el profeta. Cada capítulo narra un viaje relacionado con un aspecto distinto de la existencia.

Cuando empiezo un viaje chamánico, aparece en mi mente un tema o una pregunta. No intento cuestionarlo o predecirlo, ni tampoco espero respuestas concretas. Recibo mensajes sorprendentes e impredecibles.

Estimado lector, los viajes chamánicos me producen un profundo placer y así deseo que también sea tu experiencia a medida que leas *Caminando con Elías*.

Muchas gracias.

Con afecto:

Doobie.

Introducción:

El kibbutz—Crecer en el paraíso

~~~ — ~~~

Aquellos de vosotros que, como yo, se hayan criado en un kibbutz, estarán de acuerdo en que un kibutz realmente es un paraíso para los niños. Los que no tuvisteis esa suerte, imaginad que crecéis en el templo de la naturaleza, donde en el patio de tu recreo hay un campo enorme de grama verde, naranjales, limonares, plantaciones de aguacates y otras frutas, un bosque de eucaliptos altos como torres y donde el aroma de los jazmines siempre está flotando en el aire. Imaginad un lugar donde el medio de transporte más frecuente son unos pocos tractores, caballos, mulas y un par de burros. No tendréis por qué temer a los coches en la carretera; de hecho, no hay carreteras asfaltadas en absoluto, a excepción de la entrada principal. Solo caminos de tierra conectan las distintas secciones del kibbutz:

los hogares de los habitantes, el área de la escuela, la zona industrial, los establos del ganado y las huertas.

El kibutz era un lugar donde, durante el día, todo lo que oías era el sonido de los niños que jugaban y el canto de los pájaros y, durante la noche, el llanto de algún bebé con hambre, acompañado de una sinfonía de grillos y al lobo solitario que aullaba a la luna. Así fue el escenario de mi vida y la banda sonora de mi niñez.

En el kibbutz, podías tener toda clase de mascotas, siempre que las mantuvieras fuera de la casa. En distintos momentos, tuve conejos, serpientes (no venenosas, por supuesto), ratones (solo blancos, desde luego), abejas (¡sí!), y perros y gatos. En fin, era una vida sin preocupaciones: un verdadero paraíso.

A los seis años, en mi primer día de colegio, entré en el aula y encontré mi nombre escrito en un pupitre de la segunda fila. Me sentaba con Mazal, una preciosa niña morena con el pelo en cola de caballo, grandes ojos castaños y una sonrisa deslumbrante.

—Buenos días, niños —nos saludó Bella, nuestra maestra—. Bienvenidos a primer grado.

Nos pidió que abriéramos los cajones de los pupitres. En el mío, encontré una pequeña barra de chocolate; todos teníamos una. Me sentí alegre y emocionado; fue un momento que nunca olvidaré. Entonces la profesora Bella sacó una preciosa mandolina marrón con forma de lágrima y tocó unas melodías de sus días de infancia en Minsk, Bielorrusia. Estaba enamorado, aunque no estoy seguro de si era de la asombrosa morenita de seis años que se sentaba a mi lado o de la maestra Bella, el hada de la mandolina de Minsk.

Al menos una vez por semana, la profesora nos llevaba a una excursión de media jornada por los campos alrededor de nuestro kibbutz. Hasta el día de hoy, ella es mi maestra favorita, una amable anciana con un gran talento para la música.

Crecer en Givat Brener, el kibbutz más grande de Israel, me dio una oportunidad que atesoraré toda la vida; la oportunidad de experimentar la naturaleza: vivir con ella mano a mano en sus ciclos anuales fue un regalo maravilloso. Me sentía intoxicado con el perfume de los azahares y quedaba entristecido cuando el barro y las tormentas del invierno lo aniquilaban. Me sentía renacer cuando veía el trigo germinar en los campos, pero triste cuando se secaba con lentitud durante los meses de sequía antes de poder crecer con todas sus posibilidades. Mi corazón se llenó de felicidad cuando mi tía Eta trajo las gemelas más adorables: una paloma blanca y otra marrón, pero me sentí desolado cuando fueron devoradas por un animal salvaje.

La naturaleza me enseñó que lo que nos es dado, en realidad no nos pertenece. No es de nuestra propiedad, así que lo mejor es apreciar y disfrutarlo mientras dure.

Cuando tenía trece años mi familia tuvo que abandonar el kibbutz. Mi madre se divorció de mi padrastro y nos mudamos a Beer Sheva, "la capital del Negev", un desierto en el sur de Israel. Fue una experiencia devastadora, aunque al mismo tiempo, me obligó a tomar las riendas de una realidad más dura. Por primera vez en mi vida, me sentía asustado e inseguro. Tenía que conocer a nuevos compañeros y no sabía cómo me iban a tratar. ¿Sería capaz de hacer amigos? Me sentía indefenso. En mi primer día de colegio, caí en la cuenta de que los niños son iguales en todas partes; todos comparten las mismas necesidades básicas. Todos quieren disfrutar de la vida, relacionarse con los demás, explorar sus propios sentimientos, sentirse inspirados.

Pronto acepté mi nueva realidad en la ciudad. Aprendí a manejar el dinero, a cruzar las calles solo por los pasos peatonales, y a esperar a que los semáforos se pusieran en rojo. Ya no vivía en el paraíso.

Hice las paces conmigo mismo y entablé una gran amistad con otras personas. Beer Sheva era un crisol de varias nacionalidades y culturas. Me fascinaba la rica cultura de nuestros vecinos de la India. La hospitalidad familiar de mi amigo Shalom, que había llegado de Túnez, abrigaba mi corazón. Durante los fines de semana, acudía con Shalom al mercado de los beduinos, en las afueras, donde se comerciaba con camellos y ovejas. Paseábamos entre los puestos de antigüedades y bebíamos un café recién preparado, muy fuerte, en tazas pequeñas. Caminar por ese mágico lugar me hacía sentir como si navegara por otro planeta.

Durante las vacaciones escolares y feriados, viajaba de nuevo al kibbutz, el único lugar donde podía abrazar la naturaleza por completo, un lugar que me conmovía, donde me sentía en casa, donde podía cerrar los ojos y exhalar.

Cuando me hice adulto, viví en Tel Aviv, con el mar Mediterráneo como mi refugio natural. Tanto si era un amanecer con niebla en invierno como una calurosa y húmeda noche de verano, únicamente en la playa Gordon, sentado en la arena dorada o flotando en el mar, conseguía vivir y verdaderamente experimentar la naturaleza otra vez. Mi ser revivía con unos pocos minutos robados, cuando salía el sol de camino a la oficina o al atardecer cuando volvía a casa.

Desde que abandoné Israel en 1993, he tenido la suerte de vivir en varios países: EE.UU., Chipre, y durante un corto periodo, la India, y me he sentido fascinado por esas culturas. He llevado conmigo el embelesamiento del kibbutz allí donde he ido, buscando ese paraíso interior y exterior, tanto si era en el magnífico parque forestal de St. Louis, Misuri, como en los pinares encantados de los montes de Troodos en Chipre, en la jungla mágica y salvaje de Kerala al sur de la India, en el sagrado río Ganges en Varanasi o en el místico templo dorado de Amritsar, al norte de la India.

En todos los lugares que he visitado y en todas las culturas a las que he estado expuesto, siempre he observado que con independencia de nuestra nacionalidad o religión, todos, en alguna etapa de nuestra vida, hacemos una pausa para prestar atención. Algunos contienen la respiración, otros se hacen preguntas y otros cuestionan su propia existencia: ¿por qué estamos aquí? ¿Cuál es nuestro propósito?

Yo no era una excepción. Había llegado a una edad en la vida en que sentía que me faltaba algo que no podía explicar. No sabía exactamente qué era, pero un sentimiento de inquietud, de estar incompleto, dominaba toda mi existencia.

En ese tiempo vivía en San Luis. Tenía cuarenta y cinco años, me gustaba mi trabajo como ingeniero de software y tenía incluso más de lo que cualquier persona de clase media pudiera desear o necesitar. Sin embargo, había un vacío acuciante en mi interior. Entonces, en el invierno de 1997, escuché hablar de un taller de fin de semana sobre chamanismo en Nueva Orleans. Ese taller, ese fin de semana, cambió mi vida completamente.

Después del taller, regresé a San Luis y me embutí en mi adicción al trabajo con horarios semanales de setenta horas y en mis rutinas familiares. Pero mi vida iba a dejar de ser rutinaria. El taller sobre chamanismo despertó en mí una semilla espiritual que empezó a germinar. Me creaba un hambre por saber más. Ansiaba un cambio y una forma alternativa de vivir. Practiqué viajes chamánicos, estudié reiki y me convertí en maestro de dicha ciencia, también estudié tai chi. Cambié de los almuerzos y cenas repletos de carne a las ensaladas verdes. Cada vez consumía más alimentos orgánicos.

Un poco acerca del chamanismo. La palabra "chamán" tiene su origen en los pueblos tunguses de Siberia y significa "el que sabe". Se refiere a sus sanadores y curanderos. El chamán efectúa un viaje espiritual a tres dimensiones: los Mundos Inferior, Medio y Superior, con propósitos de sanación y para recibir respuestas a sus preguntas. Cuando practicas viajes espirituales chamánicos puedes encontrarte con tus animales de poder, tus guías espirituales y tus maestros en uno de esos tres mundos.

En los próximos capítulos, os compartiré mi experiencia personal durante ese fin de semana en Nueva Orleans, y los increíbles viajes en que conocí a Delfín y a Oso, mis animales de poder, a la asombrosa Hilla, mi guía espiritual y a mi maestro Elías, el profeta, principal motivo por el cual sigo el camino del chamanismo.

Mi esperanza, querido lector, es que estas palabras no sean tomadas a la ligera. Me siento comprometido a compartir contigo este cambio dramático en mi vida. Fue una transformación enorme desde sentirme incompleto hasta un sentido de plenitud y felicidad.

En septiembre de 2001, me trasladé a la preciosa isla de Chipre, donde viví cuatro años extraordinarios. Los dos primeros años estuve en Amatus, un pueblo pintoresco y diminuto colgado de un acantilado, justo encima del profundo azul del Mediterráneo. Los otros dos años alquilé una vivienda pequeña y acogedora en el encantador pueblo de Saitas, en los montes de Troodos. Altos y espléndidos Pinus Nigra rodeaban mi casa, pinos negrales que con generosidad compartían su sombra en los días calurosos del verano, además de proporcionar un cobijo cálido en las noches frías de invierno.

La belleza natural de Chipre aumentó mi disposición a dar y compartir. Empecé a enseñar reiki los domingos y tai chi los jueves por la noche. Proseguí mi desarrollo chamánico e hice viajes para las personas que buscaban o que pedían respuestas, claridad y guía espiritual. Realizaba estas tareas de manera altruista, lo que me daba tiempo para centrarme en dar y compartir. Cuanto más compartía, más confianza tenía en que estaba siguiendo el camino correcto de mi propio crecimiento espiritual.

Pero mi vida iba a dejar de ser rutinaria. El taller sobre chamanismo despertó en mí una semilla espiritual que empezó a germinar. Me creaba un hambre por saber más. Ansiaba un cambio y una forma alternativa de vivir. Practiqué viajes chamánicos, estudié reiki y me convertí en maestro de dicha ciencia, también estudié tai chi. Cambié de los almuerzos y cenas repletos de carne a las ensaladas verdes. Cada vez consumía más alimentos orgánicos.

Capítulo I:

¿Eres mi maestro?

~~~ — ~~~

Nueva Orleans estaba soleada ese día tibio de invierno mientras caminábamos por el aparcamiento vacío hacia la bonita tienda de Nueva Era. Me sentía excitado, consciente de que me enfrentaba a lo desconocido, de cara a algo que despertaba mi insaciable curiosidad. Poco pude sospechar que el curso completo de mi vida estaba a punto de cambiar.

Unas semanas antes, en una tarde fría y nublada de domingo en San Luis, una amiga y yo nos reunimos en el Grind, una acogedora cafetería al oeste de la ciudad. Me estaba hablando de las clases de antropología a las que asistía en el instituto terciario cuando de repente se acordó de algo.

—Doobie, ¿has oído hablar del chamanismo —me preguntó levantando su taza de café.

—No, nunca —le dije, frunciendo el ceño sobre mi espresso doble.

—Me voy a un taller de introducción al chamanismo en Nueva Orleans en unas tres semanas —explicó—. Me encantaría que vinieras. Estoy segura de que te gustará. Podemos quedarnos en un hotel y volver a casa el domingo por la noche.

A mí me entusiasmaba ir a Nueva Orleans, sobre todo por sus mariscos frescos.

—De acuerdo —dije—. Iré contigo con una condición. Cenaremos en mi marisquería favorita, el Pelican Club—. Pensaba en sus ostras frescas, sus gambas y vieiras en salsa de limón y mantequilla, y de segundo plato, su langosta al vapor.

—¡Eso es un sí! —respondió sonriendo con unas diminutas arrugas alrededor de sus ojos castaños.

Tres semanas después, la recogí el viernes por la tarde. Mientras conducía hacia el sur por la I-55, pasando por Menfis, me volví hacia ella para preguntarle: —De todas maneras, ¿qué es el chamanismo? Ni siquiera sé deletrearlo.

—No lo sé —contestó para mi sorpresa. ¿No sabía ella en qué nos estábamos metiendo? —Este pequeño folleto rojo es lo que me interesó—. Sacó del bolsillo de su abrigo un papel plegado.

—De acuerdo, lo leo en la próxima área de descanso —dije.

Como me imaginaba, el folleto no decía mucho. La explicación que daba era vaga y no me intrigaba en absoluto.

Viajar hacia el sur a Luisiana es el cielo. Todavía era invierno allá, pero en comparación con la gélida San Luis, donde ves salir el vapor de tu respiración, Luisiana es casi tropical. Nos encaminamos a una tienda de Nueva Era en las afueras de Nueva Orleans.

El sábado por la mañana, después de un desayuno ligero en un restaurante cercano, salimos hacia el taller. Tras un corto recorrido, dejamos el automóvil en el aparcamiento vacío de un centro comercial y caminamos hasta la tienda, una vieja casa con doble galería a la sombra de un maravilloso roble. El edificio tenía unos anchos balcones en los dos pisos de la fachada apoyados en altas columnas redondas. Cada planta tenía ventanas que parecían ojos y que permitían que entrara mucha luz natural.

Capítulo I

La puerta se encontraba abierta. Entramos y pisamos el suelo de tarima siguiendo un aviso que nos dirigía al fondo. Las estanterías rebosaban de libros. Todo tipo de obras de meditación del Lejano Oriente en la estantería de la derecha, hasta el techo. Libros de autosanación y de nutrición saludable en el lado derecho, bien organizados en la estantería adyacente a la pared. El aire se llenaba de suaves sonidos provenientes de la fuente de agua y con el aroma del té que se preparaba en una tetera oriental de bello diseño sobre una pequeña mesa de madera, junto a las escaleras que llevaban a la segunda planta. Vi varias barajas de cartas del tarot bajo la ventana en una esquina. Alrededor había cristales de sanación y cuarzos puestos en boles de vidrio.

—¡Bienvenidos! Buenos días —saludó un hombre con una voz profunda—. ¿Buscan el taller?— Su sonrisa amistosa destellaba como si estuviéramos compartiendo un secreto—. Me llamo Ken. Aquí mi esposa Betty, somos los propietarios de la tienda.

—¡Buenos días también para ustedes! —dije—. Sí, hemos venido por el taller de introducción al chamanismo.

Enseguida nos sentimos bien recibidos y como en casa. Betty nos sirvió un té negro del Himalaya recién hecho y nos sentamos alrededor de una mesa junto a la ventana en sillas almohadilladas, mirando hacia la calle. Era relajante.

Entonces Ken dijo: —Vamos al segundo piso a conocer al grupo.

Subimos por las estrechas escaleras de madera hasta llegar a una sala espaciosa que irradiaba calidez y acogimiento. Había unas quince personas sentadas; la mayoría eran mujeres. Algunas estaban sentadas en el piso y otras recostadas contra la pared. La luz de la mañana entraba por las cortinillas a medio abrir de las ventanas. Me sentía verdaderamente cómodo y relajado.

Algunas personas hablaban en voz baja mientras que otras se disponían a sus prácticas con mantas, almohadillas, tambores y maracas. Me gustaba esa atmósfera y presentía la anticipación de lo desconocido en el ambiente. Cuando lo recuerdo, caigo en la cuenta de que sentía que algo tremendamente interesante estaba a punto de ocurrir.

Delfín, el animal de poder

Un hombre avanzó hacia la zona que hacía de estrado. Llevaba una indumentaria de algodón muy cómoda. Mientras se sentaba en el suelo, colocó una maraca decorada con plumas coloridas en su lado derecho, un gran tambor redondo delante, y varias figuras animales de madera: un oso, un zorro, un águila y un delfín, sobre una pequeña manta de indios nativos en su zona izquierda. Puso un cuaderno de tapas oscuras sobre su regazo. Yo seguía todos sus movimientos. Cerró los ojos y meditó durante un rato.

Después los abrió y encendió una vela pequeña que tenía delante. Nos miró a todos los que estábamos allí como si leyera nuestro corazón y nuestra mente. Todos permanecíamos en silencio. Entonces sonrió y dijo: —Bienvenidos a Nueva Orleans y a este taller de introducción al chamanismo. Me llamo Dana y seré vuestro facilitador.

Exploró al grupo con la mirada. —Por qué no os presentáis y conversáis con el grupo sobre el motivo de estar aquí y las expectativas que tenéis.

Me sentí un poco nervioso. Algunas personas decían: —Quiero practicar el chamanismo. Deseo ayudarme y ayudar a los demás. Otros mencionaban: —No es nuestro primer taller, es que nos sentimos un poco confusos después de otro taller previo. Creemos que hacemos algo mal.

¿Yo mismo? No entendía ni una palabra de lo que decían. Mi amiga estaba en la misma situación, con la mirada perdida en el vacío como diciendo "salgamos de aquí".

Era mi turno. Miré a mi alrededor. Todos eran norteamericanos. Todos habían venido preparados con hermosas esteras de colores hechas a mano que incluían símbolos geométricos. Algunos traían mantas de indios nativos norteamericanos con imágenes de animales y totems. Tenían maracas y plumas. Todos me miraron, incluso la vela enfrente de Dana pareció apuntar hacia mí, un israelí que llevaba relativamente poco tiempo en el país.

—Mi amiga —apunté con el dedo hacia ella— me trajo aquí pero espero con expectación la mariscada que nos vamos a dar en el Pelican Club, donde el pescado se derrite en tu boca.

Capítulo I

Todos se rieron y Dana pasó a la siguiente persona.

Me senté en mi desgastada colchoneta azul oscuro de yoga. A mi lado, sobre una estera con vívidas bandas verdes y naranja, se sentaba John, un hippie amistoso de ojos azules de Misisipi que llevaba el cabello atado en una larga cola de caballo. Ya había acudido antes a talleres de chamanismo pero nunca había tenido éxito en su viaje al Mundo Inferior. Enfrente de mí se sentaban, Louis y Alice en una mullida manta marrón y amarilla, y nos miraban con ojos sonrientes. Eran afroamericanos de Baton Rouge, Luisiana. Practicaban el chamanismo desde bastante tiempo atrás y este taller era un regalo que hacían a su hijo Matthew, de dieciocho años, al que habían traído con ellos. En el lado opuesto de la habitación, se sentaban Rachel y Annabel sobre una alfombra psicodélica roja y violeta, dos amigas de Panama City, Florida. También era la primera vez que se enfrentaban a la experiencia del chamanismo.

Desde ese momento en adelante, Dana captó toda mi atención. Me sentía fascinado. Mi mente quedaba cautivada con cada palabra y mi lápiz rodaba rápido por la página como si fuera un antiguo escriba persa. Después de todo, ¿no era acaso entretenido e interesante pasar la mañana del fin de semana, persiguiendo espíritus en otros mundos, para luego darse un banquete con la cocina criolla sureña?

Miré las caras de los demás. Todos parecían concentrados en sí mismos como esperando experimentar algo fuera de lo normal. La sala permanecía en silencio.

Dana nos habló del chamanismo y de cómo ha sido practicado alrededor del mundo en lugares como Siberia, Perú y Australia. Me intrigaba la manera en que lo describía. Lo sentía como si hubiera ingresado en un lugar secreto, un lugar al que nunca había visitado, pero que me hacía sentir como en mi casa. Nunca antes me había sentido así.

La voz de Dana interrumpió mis pensamientos: —En los próximos minutos empezaremos nuestro viaje al Mundo Inferior y allí nos encontraremos con nuestro animal de poder. Después, cuando sea el momento adecuado, seguiremos viajando, todavía por el Mundo Inferior para conocer a nuestros guías espirituales.

Nos miró; todos nos sentábamos quietos. Nadie habló.

—Para practicar el chamanismo regularmente, uno primero debe conocer a sus guías. Siempre están para nosotros en los otros mundos. Basta con 'ir' a encontrarse con ellos. El método es bastante simple. Nos recostaremos sobre el piso y empezaré a tocar mi tambor. Viajaréis al ritmo del sonido del tambor. Demostró su sonido: un ritmo monótono, agradable, relajante, que resonaba con el ritmo natural de la respiración y los latidos del corazón. Este ritmo vibraba en lo profundo de mi cuerpo despertando un sentimiento extraño algo familiar, casi como si se conectara con una capa oculta profundamente dentro de mí que había sido perturbada mucho tiempo atrás.

La voz de Dana se hizo ronca y lenta: —Ahora os echaréis con los ojos cerrados. Empezaremos cuando oigáis el sonido del tambor. Visualizad la superficie de la Tierra y después buscad una entrada, algo que sugiera una abertura en la superficie de la Tierra. Cuando la encontréis, deslizaos dentro y viajad hacia abajo al espacio libre, abajo al Mundo Inferior. Allí, desplazaos hasta que os topéis con un animal, cualquiera que sea, pequeño o grande, en la tierra o en el agua: un zorro, una serpiente, un tigre, un pájaro, una ballena. Preguntadle: '¿Eres mi animal de poder?' Si la respuesta es 'sí' —continuó Dana—, regresaréis de la misma manera que ingresasteis. Abrid los ojos y escribid vuestras notas sobre lo que ha sido ese viaje. En la mesa hay papel y lapiceros. Hacedlo en silencio pues los demás puede que aún se encuentren en su viaje. Aquellos que no encuentren su animal, sigan moviéndose por el Mundo Inferior hasta encontrar el animal de poder que les espera. Cuando hayáis vuelto, sentaos y con tranquilidad apuntad vuestros pensamientos y sentimientos. Describid la experiencia de vuestro primer viaje chamánico. Hizo una pausa. —¡Y eso es todo! Con esto concluye vuestro primer viaje.

La sala permanecía en silencio. Ese sentimiento extraño que yo tenía no disminuía y, de alguna manera, me conectaba con los lugares enraizados de mi infancia que aún arrullaban mi alma.

Me acosté sobre mi colchoneta, que me pareció dura, pero no me importaba. En calma pero excitado, me cubrí los ojos e inspiré profundamente. Me sentía pegado al suelo. Los golpes de tambor de Dana eran suaves hasta que sus sonidos ascendieron, casi saltando hasta el techo. El ritmo del tambor penetró en mí con lentitud y su firmeza me llenó hasta sentirme uno con él. Entonces encontré mi abertura al Mundo Inferior.

Me hallaba sobre el océano mirando hacia el agua profunda y cristalina, y vi un reflejo de mí mismo en el agua esmeralda y transparente, abajo, en el fondo. Me vi de pie al borde de un pequeño orificio: evidentemente, era mi abertura al Mundo Inferior.

Sin más dilación, me zambullí por el agujero hasta un enorme tobogán de agua que descendía en espiral. Me sentí entusiasmado e iba disfrutando cada momento. Pero la divertida travesía terminó en cuanto me deslicé dentro de una pequeña laguna redonda de unos diez metros de diámetro, que se encontraba en una cueva con una bóveda curva. Me puse de pie, el agua me llegaba a la cintura y sentía una gran alegría que se mezclaba con curiosidad. Tenía enfrente tres pequeñas puertas de madera montadas sobre la pared de la cueva. Eran del tamaño de un hobbit, con dinteles superiores en arco para que se ajustaran a la forma de la cueva. Cada puerta tenía un pomo de metal en su lado izquierdo. La puerta del medio se encontraba abierta de par en par; las otras dos puertas cerradas tenían una gruesa capa de polvo y barro apilado delante. Parecía que esas dos puertas habían estado cerradas desde hacía mucho tiempo.

Por la puerta abierta entraba una luz pálida. Sentí como si estuviera siendo halado hacia esa luz. Salí de la laguna circular y crucé la puerta del medio hacia la luz. No podía ver mucho pero me esforcé en continuar avanzando y en cuanto tuve la cueva sombría detrás, vi asombrado la playa de un océano. La arena sobre la que caminaba descalzo se sentía como si fuera de seda. Avancé despacio y, extrañamente, no dejaba huellas. Era como si mis pies estuvieran acunados en el amor. Las palmeras punteaban el paisaje y el océano esmeralda brillaba y resplandecía.

Me iba llenando de un asombro cada vez mayor cuando quedé de pie al borde de ese deslumbrante océano. De pronto, un bello delfín nadó hacia mí con su lustrosa espalda gris arqueada fuera del agua. Me miró y sonrió, contento de verme; sí, realmente sonrió. Yo estaba atónito. Mi garganta vibró con la pregunta que emergía desde la profundidad de mi interior.

—¿Eres tú mi animal de poder? —pregunté.

—Sí —respondió—. Me llamo Delfín.
—Muchas gracias —dije.

Levantó su magnífico cuerpo brillante fuera del agua sacudiéndose las gotas y elevándose en posición vertical, con la cola apenas tocando la superficie. Se inclinó hacia mí y pude oler el aroma de agua salada que emanaba su suave piel. Me miró a los ojos, sonrió, giró la cabeza hacia el agua y desapareció en las profundidades. Fue un momento que recordaré siempre. Me sentí seguro, libre y feliz y no quería irme de ese precioso lugar. Acababa de encontrar a mi animal de poder, Delfín.

Reluctante, di la vuelta para regresar por el mismo lugar por el que había entrado y me encontré en la sala echado en la colchoneta de yoga sobre el duro piso de madera. Estaba de vuelta en nuestra dimensión; Dana seguía tocando el tambor.

Permanecí quieto en el suelo, aunque mi mente explotaba, superada por la asombrosa experiencia. ¿Qué fue eso? Pensaba con incredulidad. ¿Qué era ese viaje, esa experiencia por la que acababa de pasar? Me di cuenta de que si intentaba racionalizarlo o explicarlo, haría añicos la experiencia. Abrí los ojos. Habían pasado solo cuatro minutos. Levanté la cabeza y observé los cuerpos inertes junto a mí. Un momento más tarde, Dana aceleró el ritmo del tambor, lo cual era una señal para que todos acabásemos nuestro viaje. Unos minutos más tarde, el tambor quedó en silencio.

Uno por uno, todos abrieron los ojos, se sentaron y empezaron a escribir sus notas. Aunque estábamos bajo la influencia de nuestra reciente experiencia, poco a poco entablamos una conversación entre nosotros.

—Conocí a un lobo precioso —dijo alguien con gran alegría en la voz.

—Yo no tuve éxito. No encontré ninguna entrada al Mundo Inferior —oí que decía con tristeza otra persona.

Otros estaban sentados con expresión seria y no hablaban en absoluto. El suave murmullo de las conversaciones flotaba como una nube sobre la sala. Era extraño estar ahí, en un lugar al que solo había ido a visitar, con personas que no había visto nunca y, sin embargo, todos acabábamos de compartir una poderosa experiencia espiritual. Me parecía raro, pero también era la primera vez que sentía que estaba haciendo algo distinto, algo excitante, algo que anhelaba repetir.

Miré a los ojos cerrados de Dana y al tambor puesto a su lado. ¿Escuchaba las conversaciones en la habitación? Como si me hubiera adivinado el pensamiento, abrió los ojos, escrutó la sala y esperó a que hubiera silencio. Empezó a contarnos más sobre los chamanes; lo que hacían para la tribu, para su gente. Entonces preguntó: —¿Quién quiere compartir su viaje con el grupo?

Solo hubo dos voluntarios. Me sorprendió saber que bastantes participantes habían sido incapaces de encontrar su Mundo Inferior; decían que no pudieron localizar una entrada en la Tierra. Por un momento dudé. ¿Debía contar a Dana y a los demás mi viaje? ¿Hablar sobre Delfín? Cuando Dana pidió otra vez un voluntario, levanté la mano. Hubo un completo silencio en la sala cuando les hablé con gran detalle sobre mi experiencia. Me emocionaba que yo, Doobie Shemer, el kibbutznik del kibbutz Givat Brener de Israel, estuviera sentado en Nueva Orleans contando con humildad a todos cómo encontré mi abertura hacia el Mundo Inferior, describiendo el tobogán y la puerta en la cueva, cómo había conocido a Delfín, y lo maravilloso que había sido.

De repente, un bello delfín nadó hacia mí con su lustrosa espalda gris arqueada fuera del agua. Me miró y sonrió, contento de verme; sí, realmente sonrió. Yo estaba atónito. Mi garganta vibró con la pregunta que emergía desde la profundidad de mi interior.

—*¿Eres tú mi animal de poder? —pregunté.*
—*Sí —respondió—. Me llamo Delfín.*
—*Muchas gracias —dije.*

Hilla, la guía espiritual

Al cabo de un corto descanso, nos reunimos y volvimos a nuestro lugar en el suelo. Nos acostamos sobre las colchonetas, algunos se cubrieron con sus mantas, y todos cerramos los ojos, listos para nuestro siguiente viaje, de vuelta al Mundo Inferior. Esta vez íbamos a encontrarnos con nuestro guía espiritual: un espíritu humano. La sala palpitaba con la excitación. Todos sabíamos la pregunta que haríamos: —¿Eres tú mi guía espiritual? Si la respuesta era afirmativa, teníamos que volver y escribir nuestras notas. Si era negativa, debíamos continuar el viaje.

Yo no podía esperar. Un elevado sentimiento de maravilla me envolvió como una manta blanca. Ordené a mi cuerpo que se mantuviera quieto y mis oídos se sintonizaron con el tamborileo de Dana. La blancura me cubrió y en segundos estaba de vuelta en el fondo del océano. Entré por el mismo orificio, bajé nadando por el mismo tobogán en espiral hacia la cueva con tres puertas, y crucé la puerta abierta hacia una playa fascinante. El destellante océano cubría el horizonte y me absorbió la visión de Delfín haciendo piruetas a lo largo de la costa.

Recuerdo claramente que no hubo ninguna conversación, pero sí un sentido definitivo de interrelación y conocimiento mutuo. La calma era como una marea sobre mí; ese tipo de sentimiento que anhelas que dure para siempre. Me sentía como si Delfín y yo nos conociéramos desde la eternidad.

Me puse de pie y caminé hacia las palmeras para buscar a mi guía espiritual. Miré a Delfín y él leyó mi silenciosa llamada de ayuda, se volvió y me dijo: —Espera, ella pronto estará aquí.

Permanecí donde estaba, asimilando el brillo inusual de la arena y el agua marina tan pura y transparente. Observé las finas curvas de Delfín mientras se arqueaba y se zambullía rápido en el océano. Repentinamente, detrás de mí, un aura azul emanó sobre la arena. ¿Qué era eso? Giré y miré con más atención. Cartas de una baraja fueron apareciendo gradualmente, como si alguien las dejara caer sobre la arena. Se mantenían verticales sobre la satinada arena blanca separadas unos pocos centímetros unas de otras, fila tras fila por toda la playa. Yo jadeaba mientras las miraba fijamente; nunca había visto, ni siquiera imaginado, algo parecido.

Cada una de las cartas, con metro y medio de ancho, era tan alta como yo y representaba la imagen de una cara humana. En la carta que estaba frente a mí, veía con claridad un anciano mirando a un lado sobre mi hombro izquierdo. Su larga melena gris cubría gran parte de la superficie de la carta. Su cara era inexpresiva, pero podía sentir su presencia; emanaba de él una fuerte sensación de sabiduría. Era alguien en quien podía confiar para que me guiara, para que me salvara. Me sentía aturdido y no podía hablar. Necesitaba ayuda.

Delfín nadó hasta acercarse a la orilla. —Habla con ellas —dijo.

Me di vuelta para enfrentar las cartas preparándome para interrogarlas. Una mujer salió de una de las cartas y caminó lánguidamente hacia mí. Tenía cabellos lacios, largos, negrísimos y sedosos, y la piel olivácea oscura. Su vestido marrón oscuro se adhería a su cuerpo delgado. Se detuvo a unos pasos frente a mí y me miró directamente a los ojos; aguardando a que yo dijera algo. Fue como si hubiera estado esperando toda la vida para conocerla, como si fuera alguien a quien necesitaba en mi vida, pero que no lo había sabido sino hasta ahora. Sus escrutadores ojos negros me traspasaron y sentí calma y paz.

—¿Eres tú mi guía espiritual? —le pregunté.

—Sí —dijo ella sonriendo—. Me llamo Hilla.

Me sentí incapaz de moverme y de hablar; olas de humildad me inundaban.

—Soy tu guía espiritual —continuó. Sus ojos, que cambiaban a tonos profundos de castaño y verde, penetraban en lo más recóndito de mi ser.

Me sentí lleno de una suave energía, tibieza y amor. Cerca de los pies de Hilla, enterradas a medias en la arena blanca y pura, vi tres grandes rocas que sobresalían. La roca de la izquierda era carmesí y la atravesaban tonos de rojo oscuro; la del centro era de un color azul profundo, como el cielo en verano; la tercera, a la derecha, era verde vívido, del color de la hierba fresca al amanecer.

Todo había dejado de ser corriente y normal: el rojo había dejado de ser simplemente rojo; el azul y el verde parecían mucho más que eso; estos colores eran de otra dimensión. Sentí un ansia infantil por inclinarme y agarrar una de las rocas.

—No hace falta que las lleves —dijo Hilla suavemente.

Hice una pausa sorprendido y la miré.

—Ya las tienes. Están dentro de ti —explicó.
—¿En mí? ¿Qué son? —pregunté.
—La roca azul es de sanación, la verde es la roca de energía y la roja, la del amor —respondió.

Entonces se dio vuelta alejándose de mí; hipnotizado, observé cómo desaparecía de mi vista y se adentraba en el palmeral.

Deseaba quedarme allí; no quería que esta experiencia iluminadora, que me quitaba el aliento, llegara a su fin. Pero sabía que mi misión estaba terminada por ahora. Así que giré para viajar hacia la sala y me desperté encontrándome con Dana aún tocando el tambor. Una vez más, todos parecían seguir en su viaje. Abrí los ojos y contemplé los cuerpos recostados.

En ese momento, supe que mi vida nunca volvería a ser la misma. Yacía en el piso de madera de esa tienda de Nueva Era escuchando los tamborileos chamánicos y los suaves sonidos matinales de Nueva Orleans, saboreando el aroma del té recién preparado, sabiendo en lo profundo de mi alma que algo increíble acababa de ocurrir. Sabía que era una experiencia espiritual que no debía cuestionar, ni intentar racionalizar o justificar. También supe que era algo que quería seguir explorando y desarrollando.

Poco a poco, los demás participantes se sentaron y comenzaron a escribir sus notas. Dana dejó el tambor y nos leyó unos párrafos sobre chamanismo de un libro marrón de tapas duras, *El camino del chamán*. Explicó lo que haría un chamán para ayudar a su tribu a sanar las enfermedades, a localizar los alimentos, e incluso para tratar con tribus rivales. Después preguntó si alguien deseaba compartir la experiencia de su viaje. Esta vez hubo más voluntarios. Yo no podía contenerme por contar a todos mi encuentro con Hilla.

Llegó el momento del descanso para el almuerzo. Bajamos a la primera planta y tomamos una sopa de lentejas con pan tierno, mi almuerzo más sabroso desde hacía tiempo. Debe haber algo en las experiencias espirituales que aumentan el hambre física. Cuando terminé de comer, me senté en el alféizar de una gran ventana para asimilar lo que me había ocurrido esa mañana. Me sentía elevado y feliz de una manera como hacía mucho tiempo que no había estado. Estaba ansioso por viajar más, por experimentar más.

Capítulo I

Una vez acabado el almuerzo, volvimos a la sala de meditación y nos sentamos en nuestros sitios, preparados para nuestro próximo viaje.

—¿Alguien quiere preguntar algo? —dijo Dana antes de que empezásemos.

John, el hippie de Misisipi, alzó la mano. —¿Puedo comentar? —preguntó.

—Desde luego —replicó Dana con una sonrisa.

—Quiero agradecer una cosa a Doobie —dijo John—. He estado en dos talleres de chamanismo antes pero nunca había conseguido terminar un solo viaje. Siempre que empezaba, me encontraba con un pozo que rebosaba agua oscura azul y me quedaba ahí sin saber qué hacer—. Entonces me miró con sus ojos brillantes. Quedé sorprendido, sin estar seguro de qué decir. Después miró a Dana otra vez y prosiguió: —Cuando escuché a Doobie hablar de su abertura en el fondo del océano, caí en la cuenta de que bastaba con que me zambullese en el pozo. Así que en este viaje, me tiré al agua sin miedo y por primera vez, conseguí encontrar a mi animal de poder, un bello jaguar—. John giró hacia mí. —¡Muchas gracias! —dijo.

Le sonreí. Tenía su cara mucho más aliviada. Me sentí humilde, con mi ser pleno de alegría y felicidad.

—Gracias, John —dijo Dana—. Y ahora es el momento de viajar al Mundo Superior. Allí conoceréis a vuestro maestro espiritual. Para cruzar al Mundo Superior necesitaréis levitar sobre el Mundo Medio. Acabaréis sintiendo una membrana. Tenéis que pasar por la membrana al otro lado, hacia el Mundo Superior. Una vez que estéis en el mundo superior podéis empezar la búsqueda, y una vez más haréis la mágica pregunta: '¿Eres tú mi maestro espiritual?' Si la respuesta es afirmativa haced otra pregunta: '¿Tienes algún mensaje para el grupo?' Si la respuesta es negativa, seguid buscando a vuestro maestro.

Habiendo encontrado a mi animal de poder y mi guía espiritual en el Mundo Inferior, me sentía entusiasmado y lleno de expectación, aunque también intranquilo sobre este viaje al Mundo Superior para encontrar a mi maestro. ¿Cuál sería la diferencia con mis otros dos viajes; en qué sería diferente de conocer a Delfín y a Hilla? Poco podía saber.

El tambor palpitaba y sus latidos penetraban en profundidad en mi cuerpo mientras Dana nos guiaba hacia el tercer viaje. Me sentía en calma. Estaba listo.

~~~ — ~~~

—No hace falta que las lleves —dijo Hilla suavemente.
Hice una pausa sorprendido y la miré.
—Ya las tienes. Están en ti —explicó.
—¿En mí? ¿Qué son? —pregunté.
—La roca azul es de sanación, la verde es la roca de energía y la roja, la del amor —respondió.

~~~ — ~~~

Elías, el maestro

Me esforcé para atravesar una gruesa capa de nubes y aterricé sobre una superficie blanca de textura similar al algodón. Prevalecía la quietud. Todo lo que podía oír era mi propia respiración. Despacio, fui girando para ver a mi alrededor y me encontré en el centro de un vasto lugar blanco. Parecía algo divino. Tenía la impresión de que no había espacio ni tiempo. Me encontraba envuelto por una blancura infinita, nada más que blancura. "Esto es una nevada celestial que nunca se ha derretido", pensé.

Nunca en mi vida había sido testigo de tal gloria y magnificencia. El profundo silencio tenía una poderosa presencia; una asombrosa sensación de poder irradiaba y dominaba este denso silencio. Di un paso adelante sin ningún sentido de la dirección ni expectativas. La palabra "maestro" latía en mi corazón.

El aire a mi alrededor era muy puro, fresco y diáfano. Súbitamente, la sombra de algo muy alto apareció delante de mí. A medida que caminaba, mi visión se iba enfocando en la pared de un gigantesco palacio blanco, y me encontré de pie frente a una inmensa entrada de reluciente mármol con puertas dobles. La entrada estaba cerrada. A la izquierda de la entrada había una silla de mármol también blanco. Cuando me acerqué, observé para mi asombro que el mármol estaba vivo. No es que se moviera, pero vibraba suavemente y brillaba con una luz trémula, y dentro de este mármol pude ver flotando nubes blancas neblinosas que parecían sólidas al tacto.

Toda esta escena: el palacio, las puertas y la silla, parecían una escultura de hielo vivo, creada por un artista minimalista con una fuerte percepción de lo divino. La escultura irradiaba poder y yo permanecí quieto como si hubiera echado raíces. Sentía que estaba en el lugar más sagrado del universo. Entonces escuché una voz.

—El rey se sienta en esta silla.
—¿Qué rey? —pregunté con espontaneidad.
—El rey guardián —contestó la voz.

No sabía con quién hablaba, no veía a nadie, aunque percibía con intensidad que ahí había otra entidad. Giré a la derecha y ahí, en efecto, observé el vago contorno de una figura humana que se aproximaba con lentitud, saliendo de la blancura neblinosa. Alguien caminaba hacia mí a través de las gigantescas puertas cerradas.

Primero vi su cara y después contemplé la larga barba blanca que la cubría casi por entero. Me sentía transfigurado; apenas podía respirar. Cuanto más se acercaba, más detalles emergían. Era tan alto como yo y vestía una larga túnica de algodón blanco. Se detuvo a unos pocos pasos delante de mí con los ojos cerrados; su faz irradiaba eminencia, divinidad, gloria. Cuando estuvimos frente a frente, la sensación de un mundo de placeres diferentes recorrió mi cuerpo por completo.

La presencia de esa persona me electrificaba. Irradiaba tanta energía, tal poder y, sin embargo, parecía revestido de calma. Me sentí impactado, como si hubiera sido golpeado por un rayo. Por primera vez experimenté todo el significado de "irat kavod", una expresión hebrea que se traduciría como "respeto temeroso": sentía un respeto inmenso por ese hombre y una humildad profunda, además de cierto temor. Nunca había tenido emociones como estas en presencia de otra persona.

Levantó despacio la cabeza con sus largos cabellos blancos enmarcando graciosamente la majestuosidad de su rostro. Abrió los ojos y miró directamente a los míos. No se movió ni dijo una palabra. Yo estaba completamente mesmerizado mientras me miraba. Tardé un rato en recuperar los sentidos. La experiencia era demasiado para absorberla y me sentía sobrecogido. Todo lo que quería era salir de allí, pero no conseguía moverme.

Después de lo que parecía una eternidad, de alguna manera encontré el coraje para hablar. —¿Eres mi maestro? —pregunté.

—Sí, lo soy —respondió.

Su presencia era abrumadora. Su energía me engullía. Quería irme pero súbitamente recordé que tenía que hacerle otra pregunta. —¿Tienes algún mensaje para el grupo?

—Sí —respondió—. Diles que hay un cielo.

Me sentía aliviado al prepararme para volver. Pero su voz temblorosa me detuvo.

—Y diles que todas las personas tienen un ángel guardián —dijo.

Lo miré un momento y con la poca presencia de ánimo que me quedaba, se lo agradecí.

Hechizado, empecé a caminar y entonces caí en la cuenta: mi maestro era Elías, el gran profeta, el mismo que fue llevado al cielo en un torbellino de viento por un carro tirado por caballos de fuego. Él había vivido en el monte Carmelo, al norte de Israel.

De esta manera nos encontramos Elías y yo por primera vez. Después de ese encuentro y cada vez que viajo a reunirme con Elías, vuelvo a tener las mismas poderosas sensaciones. Sé que estoy ante la presencia de un poder superior; esta persona sagrada me enseña mi verdadero lugar en el mundo y en el universo.

En todas nuestras conversaciones, le pregunto a Elías cuestiones relativas a nuestra existencia y propósito en la vida. Algunas preguntas son filosóficas y otras personales. Aunque nuestras charlas son cortas y concisas, todas son interesantes y tremendamente significativas.

Elías no es efusivo. De sus labios brotan palabras de sabiduría intemporal. No me amplía la información a menos que se lo pida. Con Elías puedo elegir la dirección en la cual caminar y la profundidad de nuestra conversación. Cada diálogo es por completo impredecible. La mayor parte de las veces, es muy serio; no soy capaz de predecir su humor ni su reacción a mis preguntas. A veces se comporta de manera impaciente y otras veces es cínico. Casi nunca sonríe. Pero siempre que necesito consejos, allí está él.

La mayoría de mis viajes son al Mundo Inferior, a ver a Delfín y a Hilla. También viajo para amigos y mi familia, a petición de ellos, para recibir respuestas sobre sus empleos y otros asuntos. Pero cuando surgen dudas filosóficas, viajo al Mundo Superior a ver a Elías.

He tenido muchos viajes al Mundo Inferior para ver a Delfín y a Hilla, y por determinados motivos, hay cosas sobre las que nunca les consulto. A veces deciden que sería mejor que las respondiera Elías.

Caminando con Elías no es sobre mí ni sobre el profeta, es sobre todos nosotros, nuestra vida y nuestra existencia. Todos somos seres humanos que sabemos que estamos aquí para vivir, pero no sabemos lo que hubo antes ni lo que habrá después de nosotros. Nos apasionamos en la búsqueda del significado de nuestra existencia para aprender qué hacemos aquí y descubrir nuestro propósito y dedico mis viajes a encontrar la respuesta a todas estas dudas, y para ello simplemente camino con Elías.

La presencia de esa persona me electrificaba. Irradiaba tanta energía y poder, y sin embargo parecía revestido de calma. Me sentí impactado, como si hubiera sido golpeado por un rayo. Por primera vez experimenté todo el significado de "irat kavod", una expresión hebrea que se traduciría como "respeto temeroso": sentía un respeto inmenso por ese hombre y una humildad profunda, además de cierto temor. Nunca había tenido emociones como estas en presencia de otra persona.

—Sí —respondió—. Diles que hay un cielo.
Me sentía aliviado al prepararme para volver. Pero su voz temblorosa me detuvo.
—Y diles que todas las personas tienen un ángel guardián —dijo.

Capítulo II:

¿Qué más hay ahí arriba?

Oso, mi otro animal de poder

Me deslicé por la abertura negra en el fondo del océano y dentro del tobogán acuático. Un delicioso sentimiento de felicidad me llenó mientras descendía al Mundo Inferior. Salí de la laguna y miré hacia la cueva. Una vez más, solo la puerta del medio se encontraba abierta. Pero esta vez, cuando pasé bajo el dintel, entré a un lugar oscuro; sabía que no había llegado a la costa oceánica que me era familiar. En cuanto tuve detrás la sombra de la cueva, me encontré, para mi asombro, en un bosque mágico.

Los árboles adoptaban una forma extraña: todos tenían tres o más troncos conectados a cortas ramas horizontales sin hojas, y cada tronco, desde su mitad hacia arriba, estaba cubierto de miles de hojas, las hojas más raras que jamás he visto. Tenían preciosos tonos de verde, a veces verde claro, casi amarillo, otras hojas eran verde oscuro. Eran hojas delgadas como agujas y muy largas, más de cinco metros. El suelo estaba cubierto de grama muy baja y de un verde pálido. Bajo los árboles, observé unas setas anchas, violáceas, con puntos blancos, dispersas en el suelo. Tenían tallos enormes y sus cabezas parecían trofeos boca abajo. De repente, pálidos rayos amarillos de sol atravesaron la cubierta forestal de hojas como agujas. Miré de nuevo al suelo y vi un enorme oso polar blanco sentado junto a la puerta de la cueva disfrutando de la luz moteada del sol. Me miró, sus grandes y penetrantes ojos oscuros me observaban como si midiera mis pasos y leyera mis pensamientos. Su mirada me mesmerizaba y mi corazón se aceleró al caminar hacia él.

Tenía un aspecto magnífico, majestuoso, con su peluda piel reluciente y blanca como la nieve. Al caminar hacia él, el paisaje a su alrededor desapareció repentinamente. Su presencia emanaba poder, pero también paz y tranquilidad. Sabía que me estaba esperando y no tuve miedo. Continué avanzando hasta detenerme a unos pocos pasos frente a él. No se movió pero continuó mirándome. Sus ojos oscuros eran vastos pozos de bondad y sabiduría dentro de los que quería saltar y sumergirme para siempre. Me sentí atraído hacia su presencia magnética y no ofrecí resistencia.

¿Alguna vez, cuando conociste a alguien, has sentido que era aquel a quien esperabas, alguien que era tu mejor amigo a quien habías perdido hacía mucho tiempo; alguien en quien podías confiar sin condiciones? Así era como me sentía en ese momento mirando dentro de los ojos oscuros y amables de mi asombroso e inmenso amigo oso.

Este era Oso, mi otro animal de poder, quien me esperaba justo allí, para cuando lo necesitase. Me subí sin esfuerzo a su reluciente espalda blanca, me agarré de su peluda piel, y me llevó al interior de ese vasto bosque brumoso. Desde entonces, Oso fue mi compañero y mi medio de transporte; nos elevamos y nos precipitamos, sobre distintas tierras y juntos exploramos muchos mundos.

Llegamos a la playa del océano. Se notaba la ausencia de Hilla. No sabía dónde estaba, y me sentí inundado de tristeza. La echaba de menos. En la distancia, vi a Delfín que nadaba hacia nosotros deslizándose entre las olas. Cuando llegó a la orilla nos abrazamos con alegría y me senté en la costa. No tenía que explicarles por qué estaba allí; tanto Oso como Delfín lo sabían. Tenía una pregunta que hacerles: "¿Qué hay allí, detrás de aquel estrato blanco?", y me sugirieron que Elías era la persona más adecuada para contestarme. Así que subí al lomo de Oso y hacia allá nos fuimos.

Nuestro vuelo parecía rápido. Nos elevamos con elegancia sobre la familiar superficie del Mundo Blanco de vuelta al silencioso lugar de sagrado poder y calma. Delfín apareció unos momentos después, rozando la superficie de la niebla lechosa, y los tres nos dirigimos hacia el palacio blanco sin decir una palabra por respeto a ese profundo silencio.

Esta vez, las gigantescas puertas de brillante mármol blanco estaban abiertas completamente y nos daban la bienvenida dentro del palacio. Las cruzamos y entramos en un jardín. Delante de nosotros, en la distancia, vi un palacio, un magnífico edificio blanco con siete torres idénticas de mármol blanco terminadas en punta, alineadas equidistantemente unas de otras a lo largo del frente del edificio. Extrañamente, el palacio no parecía tener ni puertas ni ventanas. El jardín entre el edificio y la entrada estaba casi vacío. Justo a la izquierda de la entrada, descansaba una ancha mesa con bancos a cada lado. Tanto la mesa como los bancos estaban fabricados de translúcido mármol blanco. La parte superior era plana con patas bellamente esculpidas. A la derecha, a medio camino hacia el palacio, se encontraba un pequeño cobertizo, también de mármol blanco. No veía a nadie, pero detectaba una poderosa presencia y sentía su energía fluyendo a nuestro alrededor. No tenía idea de lo que podía ser.

Entonces, una fuerza increíblemente poderosa desvió mi mirada del palacio a la mesa blanca. Detecté una presencia imperial, alguien magnífico. Elías se encontraba sentado y nos esperaba en el banco de mármol frente a nosotros. No podía ver nada detrás de él; estaba totalmente rodeado por una vacuidad blanca. Giro y gesticuló con la mano sobre la mesa invitándome a tomar asiento. Abrumado, bajé los ojos y me senté en silencio en el banco frente a él. Oso y Delfín permanecieron detrás, respetuosamente conscientes del momento. Miré a Elías a los ojos.

¿Cómo puedo describir esos ojos? Sus pupilas eran pozos de conocimiento, sabiduría e intuición. Me miró con tanta intensidad que sentí que había leído mi cara, mi cuerpo, mi mente, mi alma. Una sensación de maravilla se deslizó dentro de mi mente. ¿Alguna vez me acostumbraría a esa mirada, tan magnífica y penetrante? Podía sentir el corazón de Oso y de Delfín latiendo detrás de mí. Nada se movía a nuestro alrededor; ninguno de nosotros se movía. No se dijo nada. Yo sabía que Elías hablaría cuando llegara el momento correcto.

Sus ojos parecían emanar luz solar. Semejaba haber sido creado por un maestro escultor, tallado en el más exquisito mármol blanco del universo. Ningún sonido salió de su boca, aunque sus labios cerrados firmemente se distendieron en una sonrisa. Durante los años en que he paseado con Elías, aprendí que no necesito utilizar la voz. Él puede leer mis pensamientos.

Miré de nuevo al suelo y vi un enorme oso polar blanco sentado junto a la puerta de la cueva disfrutando de la luz moteada del sol. Me miró, sus grandes y penetrantes ojos oscuros me observaban como si midiera mis pasos y leyera mi pensamiento. Su mirada me mesmerizaba y mi corazón se aceleró al caminar hacia él.

Amarillo

Repentinamente, en la distancia aparecieron orbes salidos de la niebla. Venían hacia nosotros por encima de nuestras cabezas. Eran orbes de luz como jamás había visto antes.

Algunos eran tan grandes como planetas, como aquellos que había visto en un planetario. Al principio los orbes eran amarillos, del color de los narcisos en su primera floración; después se fusionaron en un gran cosmos que estaba lleno de formas del mismo color, como serpientes sin cabeza que flotaban y se intersecaban unas con otras.

Intrigado miré a Elías. Ninguna palabra fue dicha pero "oyó" mi pregunta: —¿Qué es este cosmos amarillo? Repitió mi pregunta no dicha e hizo una pausa, cerró los ojos y pareció sumergirse profundamente dentro de sí en la búsqueda de la manera más sabia de responder. Por último, contestó.

—Este Mundo Blanco en el que estamos ahora es donde residen todas las almas. Cada alma asciende al Mundo Blanco cuando abandona la Tierra. Viene para estar con las otras almas. Aquí se reconectan con las almas con las cuales se han relacionado mientras estaban en la Tierra. Vienen para aprender lo que han logrado y para determinar lo que tienen que trabajar la próxima vez que viajen a la Tierra. Estamos en lo que vosotros los humanos llamáis el cielo. Todas las almas acuden aquí primero y luego vuelven a la Tierra para unirse a un nuevo cuerpo humano durante el tiempo que ese cuerpo esté destinado a vivir.

Miré a mi alrededor; no era como me había imaginado que sería el cielo, ¡solo blancura infinita! Sin embargo, los sentimientos y sensaciones que estaba experimentando no podían ser más celestiales. Todo era tan puro y relajante.

—¿Y qué hay del Mundo Amarillo? —pregunté.

—En el Mundo Amarillo se crean las almas nuevas. También las almas que necesitan recuperarse, renovarse y sanar pueden acudir al Mundo Amarillo. Una vez repuestas, retornan al Mundo Blanco o se mueven a otros planetas. Elías hizo una pausa para que pudiera asimilar lo que me acababa de decir.

Solo pude sentarme a escuchar, tratando de entender lo que acababa de ver y oír. Elías permaneció en silencio. No se había movido desde que llegamos. Su túnica blanca le cubría el cuerpo como protegiéndolo de ser tocado y manteniéndolo a distancia de todos. —¿Otros planetas? —pregunté—. ¿Qué otros planetas?

~~ — ~~

—Este Mundo Blanco en el que estamos ahora es donde residen todas las almas. Cada alma asciende al Mundo Blanco cuando abandona la Tierra. Viene para estar con las otras almas. Aquí se reconectan con las almas con las cuales se han relacionado mientras estaban en la Tierra. Vienen para aprender lo que han logrado y para determinar lo que tienen que trabajar la próxima vez que viajen a la Tierra. Estamos en lo que vosotros los humanos llamáis el cielo. Todas las almas acuden aquí primero

y luego vuelven para unirse a un nuevo cuerpo humano durante el tiempo que ese cuerpo esté destinado a vivir.

Azul, verde, rojo

Elías no pronunció una sola palabra. El Mundo Amarillo desapareció y fue reemplazado por la imagen de un Mundo Azul. Este Mundo Azul no aparecía tan definido como el Mundo Amarillo, aunque poseía las mismas figuras similares a serpientes, en distintos tonos de azul, flotando e intersecándose entre ellas. Lo percibía como un tremendo movimiento de energía en todos los matices de azul, desde turquesa hasta ultramarino oscuro, que me rodeaba y emanaba una presencia amable.

Súbitamente, el azul se tornó verde y un Mundo Verde, nuevo por completo, apareció ante mis ojos. Este nuevo cosmos también contenía las formas de serpientes sin cabeza que se retorcían, como el cosmos amarillo y el azul, solo que tenían distintos tonos de verde. Pasaron unos minutos y el mundo verde cambió a rojo. Este color era intenso y abrumador, como la lava hirviente que escupe un volcán, y una vez más, estaba el mismo patrón similar a serpientes, aunque en tonos rojos.

Durante todo ese tiempo me mantuve inmóvil, fascinado por las magníficas visiones, ¡y entonces caí en la cuenta! Eran los mismos colores que los de las tres rocas en la playa de arena blanquecina donde había conocido a Hilla. Ella me había dicho que la roca roja era la del amor, la verde era energía, y la azul pertenecía a la sanación. Me acordé que había intentado agarrar una y ella me había dicho que no era necesario: "Ya las posees. Están dentro de ti".

¿Pero, estaba yo acertado en pensar que había una conexión entre esas rocas y estos tres cosmos de colores? Y si la había, ¿qué quería decir? No estaba muy seguro. Esta colorida presentación del Mundo Amarillo y los otros tres era la manera en que Elías me explicaba las cosas, comunicándose por visualización en vez de palabras. Sabía que a esto seguirían detalles añadidos.

—¿Lo viste? —preguntó Elías con su voz familiar, vibrante y profunda, desde el otro lado de la gran mesa blanca.

—Sí —respondí—. Vi los mundos azul, verde y rojo. ¿Qué son?

—Azul es el planeta de la sanación. Verde es el de la energía. Rojo es el del amor, el planeta del Creador. Cada planeta suministra un diferente comienzo y un nuevo curso para las necesidades de cada alma. El alma se conecta con estos tres reinos mientras se encuentra en la Tierra y cuando está aquí, en el Mundo Blanco —explicó Elías—. Cuando un alma reside en un cuerpo humano, no deja de conectarse con estos planetas mediante los centros de energía del cuerpo, lo que llamáis chakras. Esos centros de energía tienen una doble función. Primero, conectan las almas a los tres planetas: rojo, verde y azul. Segundo, permiten que el cuerpo físico y el alma se integren y funcionen como una sola unidad.

Tenía sentido, no me sorprendí. Percibí, de inmediato, una imagen más amplia de ello, quizá la imagen completa. Somos cuerpo, mente y espíritu, y ninguno de estos aspectos funciona con independencia de los demás; cada uno tiene un efecto sobre el otro. El alma es el canal entre los chakras y el correspondiente planeta. El chakra raíz está conectado al Mundo Rojo, la fuente del amor, el cual se conecta con el Creador. El chakra del corazón se une al Mundo Verde, la fuente de energía, y el chakra de la garganta está enlazado con el Mundo Azul, donde tiene lugar la sanación.

—El amor es la energía más poderosa; ningún alma puede existir sin amor, ni en la Tierra ni en el Mundo Blanco —dijo Elías alzando la voz para enfatizar la importancia de lo que estaba diciendo—. El amor proviene del Mundo Rojo, del propio Creador. Es el origen de la creación para la humanidad, tanto en su nivel físico como espiritual. A su vez, la energía del Mundo Verde hace que la naturaleza evolucione y la mantiene conectada con su fuente de origen. Lo que crea el amor, la energía lo mantiene vivo.

Miré a mi alrededor y, en la distancia, se destacaba por completo el palacio blanco con sus torres. El profundo silencio que nos rodeaba daba tanta paz. Si es aquí donde están las almas, ¿cómo es que no las veo? me preguntaba.

Elías siguió hablando.

—La sanación, con su color azul, es lo que permite que toda la vida se cure, regenere y renueve. Una vez que las cosas vivas son creadas por el rojo, energizadas por el verde y sanadas por el azul, pueden lograr su propósito. Cada uno de los chakras es un microplaneta que existe dentro del cuerpo siempre que esté presente el alma. Hay más de tres chakras. La función de los demás chakras es similar a la de los principales, el rojo, verde y azul; sus colores son una mezcla de estos tres, al igual que el rol que desempeñan. En el Mundo Blanco, las almas se sanan y energizan al conectarse directamente con su correspondiente mundo de color. Cuando se encuentra en el Mundo Blanco, el alma recupera y asimila las lecciones aprendidas en la Tierra al conectarse con los mundos Verde y Azul. Cuando un alma fue herida de gravedad o traumatizada y requiere una recuperación mayor, se conecta al amor, al Mundo Rojo.

Las palabras de Elías perforaron el tuétano de mi alma. Levantó la cabeza y miró profundamente dentro de mis ojos. Percibí que se conectaba con algo dentro de mí cuya existencia yo desconocía. Un escalofrío recorrió mi espalda. Como en todas mis otras visitas a Elías, me sentía asombrado y sobrecogido por la información imprevista que aprendía. Quería seguir escuchándole, pero me di cuenta que este viaje particular había terminado.

—Gracias —finalmente conseguí susurrar.

Su mirada penetró en mi alma como si midiera mi capacidad de asimilar la magnitud de las percepciones y datos que me había revelado. Levanté mi cabeza y miré alrededor. No conseguía vislumbrar casi nada en la niebla blanca del jardín, pero me daba mucha paz. Oso y Delfín seguían detrás de mí, esperando en silencio a que el viaje acabase. Miré nuevamente hacia Elías. Tenía los ojos cerrados y la cara sin expresión. Me levanté y retrocedí con los ojos fijos en él hasta que me reuní con Oso y Delfín. Juntos, volvimos hasta la entrada. Allí me detuve y miré hacia atrás. Elías había desaparecido. La mesa de mármol relucía con su profunda vacuidad.

~~~ — ~~~

—Azul es el planeta de la sanación. Verde es el de la energía. Rojo es el del amor, el planeta del Creador. Cada planeta suministra un diferente comienzo y un nuevo curso para las necesidades de cada alma. El alma se conecta con estos tres reinos mientras se encuentra en la Tierra y cuando está aquí, en el Mundo Blanco —explicó

Capítulo II

Elías —. Cuando un alma reside en un cuerpo humano, no deja de conectarse con estos planetas mediante los centros de energía del cuerpo, lo que llamáis los chakras. Esos centros de energía tienen una doble función. Primero, conectan las almas a los tres planetas: rojo, verde y azul. Segundo, permiten que el cuerpo físico y el alma se integren y funcionen como una sola unidad.

~~~ — ~~~

Capítulo III:

Mi trayectoria vital

~~~ — ~~~

Nacemos; vivimos una vida; morimos jóvenes, morimos a mediana edad o morimos cuando somos ancianos. Este conocimiento está en nuestro interior, en nuestras células y en nuestro corazón. Abrazamos esta sabiduría innata, pero no hablamos de la muerte, ¿verdad? Sin embargo, hay tantas preguntas sin respuesta. ¿Cómo es la naturaleza del ser humano? ¿Cuál es la naturaleza de la forma humana? ¿Por qué se produce de esta manera? ¿Cuál fue la intención del Creador cuando diseñó esta forma? ¿Por qué se materializa así la existencia: nacimiento, vida, muerte? En otras palabras, ¿cuál es el propósito de nuestra realidad física?

~~~ — ~~~

Abuela Tova

Hago estas preguntas con una consciencia colectiva universal que recorre como un hilo las generaciones pasadas y actuales. El Holocausto quedó impreso en mi código genético. Haim, mi padre, y su madre, Tova, fueron los únicos de una familia de siete hijos que sobrevivieron al exterminio nazi. Ambos escaparon de los campos de concentración a Israel. Unos años más tarde se mudaron a Tel Aviv. En el verano de 1950, Haim era un hombre joven, alto y encantador, de ojos azules, que se enamoró de Elizabeth, una mujer rubia de preciosos ojos verdes refugiada de Belgrado, Yugoslavia. Contrajeron matrimonio y un año más tarde nació mi hermano Arye. Yo no tuve que esperar mucho, nací un año después en julio de 1952.

Cuando yo tenía tres meses, mi padre murió dejando una joven viuda y dos niños. Su muerte traumatizó a su madre, la abuela Tova. Mi abuela había nacido en Letonia. Era muy alta, medía más de un metro ochenta y siempre tenía la piel bronceada. En su mirada se reflejaba una amabilidad infinita, aunque también una profunda tristeza. Trabajaba jornadas muy largas en una panadería cerca de la antigua estación de autobuses de Tel Aviv. Durante mi infancia, vivíamos en el kibbutz Givat Brener y todos los meses, nos visitaba la abuela Tova trayéndonos pasteles recién horneados, unos deliciosos conos rellenos con nata. Me acuerdo que acudía con mi hermano al "Iegul" (el Círculo), la única estación de autobuses, los viernes por la tarde sobre las 15:00 horas, esperando ver su cara por la ventana del autocar. ¡Qué tristeza nos embargaba cuando se bajaba el último pasajero y nos dábamos cuenta que no nos visitaría ese día! Pero los viernes que sí venía, nos entusiasmaba verla. Bajaba los peldaños con cuidado y nos sonreía. No perdíamos ni un minuto para sacar sin ninguna vergüenza los conos con nata de su bolso. La abuela Tova nunca nos decepcionaba.

Más adelante, nuestra familia se mudó a Tel Aviv y, como adolescente, la visitaba en su apartamento de dos dormitorios. Nos sentábamos uno al lado del otro en su pequeña terraza los viernes por la tarde, donde ella preparaba un té negro muy dulce y caliente. Después leíamos los periódicos del fin de semana. Ella leía el periódico ídish y yo, el hebreo, llamado *Maariv*. Al cabo de un rato, ella exclamaba "achshav kushat", una mezcla de hebreo y ruso, que significa "ahora, a comer", y yo sabía que era el momento de saborear su deliciosa sopa de pollo con bolitas de pan ázimo. ¡Ese plato era el néctar de los dioses!

La abuela Tova hablaba solamente ruso e ídish, y un poco de hebreo entrecortado. Yo solo hablaba hebreo, así que ella gesticulaba mucho con sus largas manos ajadas por el trabajo. A pesar de nuestras diferencias de idioma, leía en mi corazón y yo en el suyo. Nos contaba muchas historias de cómo consiguió escapar con mi padre de los nazis. A veces su voz era muy triste y descorazonadora; en otras ocasiones la notaba orgullosa. Metía la mano en el bolsillo de su abrigo y sacaba una antigua foto en blanco y negro con los bordes curvados y amarillentos. Sostenía la foto como si fuera un objeto sagrado y murmuraba: "¡Haim! ¡Oh Haim!", y después lloraba. Yo sabía que amaba a mi padre y cuánto lo echaba de menos.

Por fin me hice adulto y también me casé. Vivía con mi mujer en Kiryat Menachem, un barrio tranquilo y acogedor situado sobre una colina de Jerusalén. En las noches límpidas, veía las luces titilantes de la antigua ciudad sagrada. Cada dos meses, la abuela Tova acarreaba dos grandes cestas de plástico verde, rebosantes de verduras y frutas recién cosechadas que había comprado al amanecer en Shuk Ha'Carmel, un mercado de agricultores de Tel Aviv. Le gustaba tocar las frutas, sentir el peso de las calabazas y regatear el precio. Una vez satisfecha con su botín, esperaba en la cercana estación de autobuses, subía al autocar a grandes pasos y se sentaba con sus dos cestas llenas de alimentos para nosotros. Ese trayecto entre Tel Aviv y Jerusalén, que duraba dos horas por las serpenteantes carreteras de Sha'ar HaGai y Mevaseret, no era fácil, ni siquiera para una persona mucho más joven que mi abuela Tova. Tenía más de setenta años y seguía siendo alta; yo todavía tenía que levantar la cabeza para mirarla. Pensaba que era la mujer con más fuerza del mundo.

Un día, al poco tiempo de llegar ella y cuando nos sentamos para comer la deliciosa sopa de pollo que hizo en nuestra cocina, le dije: —Abuela, vamos a tener un bebé.

Abrió la boca y sus ojos verdes se agrandaron como platos. Con una mano puesta en el corazón y llorando, dijo con un hilo de voz:

—Si es varón, ponedle el nombre de mi hijo, tu padre. Por favor, llamadle Haim.

Pero así es el destino; unos meses más tarde nació nuestra hija Shiri. Un año más tarde, mi abuela, que ya se acercaba a los ochenta años y seguía comprando en el mercado Shuk Ha'Carmel, tomó el autobús a Jerusalén con sus dos cestas de plástico para visitarnos. Entró en nuestro apartamento, nos saludamos, ella en su hebreo mezclado con ídish, y yo con lo que parecía un nuevo lenguaje de signos.

—Abuela, tenemos una sorpresa para ti —le dije—. Quizá un bebé Haim llegue a nuestras vidas. ¡Estamos esperando otro hijo!

Sus ojos se llenaron de lágrimas. —Te acordaste —dijo.

—¿Cómo podría olvidarlo? — le respondí—. Haim, tu hijo, era mi padre.

Unos meses más tarde nació nuestro hijo. Telefoneé a mi abuela. En cuanto la hube saludado estallé: —Hemos tenido un varón y se llama Haim. Amaba a mi abuela Tova; era tan amable, tan solitaria y, desde luego, no podíamos rechazar su petición.

Su voz se rompió, sospecho que sus preciosos ojos se llenaron de lágrimas. Me lo agradeció y prometió visitarnos la semana siguiente. Por supuesto, exactamente una semana más tarde llamó a nuestra puerta. Nunca la vi tan contenta. Tenía una cara resplandeciente y parecía incluso más alta. Se quedó varios días con nosotros, ayudando con la cocina y la limpieza, y jugando con Shiri antes de partir.

Con dos hijos pequeños, mi esposa y yo nos sentíamos atrapados en un vórtice, cambiando pañales y levantándonos por la noche para alimentar a los bebés. El tiempo parecía que se nos escapaba. Pasaron varios meses hasta que una tarde sonó el teléfono. Contesté.

—¿Hablo con el Sr. Doobie Shemer? —preguntó una voz masculina que no me era familiar.

Sentí que mis costillas se contraían.

El hombre continuó con un tono neutro: —Su abuela Tova me pidió que lo llamara. No se sentía bien y ahora está en el hospital Beth Israel. Quiere verlo.

A la mañana siguiente, conduje hasta Tel Aviv. Estaba preocupado porque mi abuela nunca se enfermaba. Algo va mal, pensé. Tomé el ascensor hasta la tercera planta. Entré en su habitación, que estaba junto a la entrada. El aire tenía un fuerte olor a medicamentos. Estaba acostada junto a una gran ventana. En la mesilla, un plato de comida que no quiso tomar.

No la reconocí. Descansaba entre las sábanas blancas como un niño perdido en un espejismo de arena blanca. Tenía los ojos cerrados y la piel pálida; no había luz en su cara sin expresión apoyada sobre una gran almohada blanca. No es mi abuela Tova, pensé. ¡Debe haber un error! ¿Qué le había pasado a esa mujer alta y fuerte de piel bronceada?

Una capa de tristeza cubrió mi corazón. De alguna manera, supe que se moría. Me acerqué hasta la cama y sostuve su mano, tan frágil y débil. La besé en la frente. Me sentía incapaz de soltarla. Despacio, abrió los ojos y cuando me vio, su mirada se llenó de amor; sonrió.

—¿Qué pasa, abuela? —pregunté con un dolor sordo en el estómago—. ¿Por qué estás aquí?

—Estoy acabada —susurró en su mezcla de hebreo e ídish—. No más vida—. Cerró los ojos—. ¿Haim? —preguntó.

—Está muy bien —le aseguré. Por un momento, creo que sonrió. Me sentí tan impotente mientras la miraba.

Fui a la sala de enfermería para preguntar. La enfermera me pidió que la siguiera hasta la habitación.

—Por favor, dígale a su abuela que tiene que comer. Lleva aquí varios días y se niega a probar bocado —dijo con severidad.

Miré a mi abuela. Encontró fuerzas para agitar la mano y murmuró algo que me pareció: "No prestes atención a esta enfermera protestona".

Entonces la enfermera se volvió y me preguntó: —¿Quién es Haim?

—Mi hijo —respondí—. Nació hace tres meses. Mi padre, el hijo de ella, también se llamaba Haim. Murió hace mucho. ¿Pero por qué me lo pregunta?

—Bueno —dijo la enfermera—, su abuela repite sin cesar, 'Haim ha vuelto. Ya me puedo ir'.

Sentí un gran impacto. Nunca antes lamenté tanto que no pudiéramos hablar el mismo idioma. Empujé una pequeña silla de madera hasta su cama y puse su mano en la mía.

—Comprendo, abuela —le susurré—. Has decidido poner fin a tu vida ahora que nació mi hijo Haim, ¿verdad?

Abrió los ojos y se quedó mirándome, con una sonrisa cansada pero en paz. Había aceptación y paz en su mirada y asintió con delicadeza.

Mi abuela murió unas semanas más tarde.

Morir y el más allá

Una tarde de invierno empezaba a nevar cuando mi vuelo aterrizó en el aeropuerto nacional Ronald Reagan de Washington D.C. Unos minutos más tarde conducía un automóvil de alquiler hacia el hostal Pine Tree para asistir a un taller de fin de semana sobre Morir y el más allá, un curso de chamanismo avanzado.

Desde el taller de introducción al chamanismo en Nueva Orleans, me había hecho muy amigo de Dana, quien me invitó a asistir al curso sobre Morir y el más allá. Recordaba muy bien ese taller introductorio de Nueva Orleans y estaba ansioso por ampliar mis prácticas chamánicas. Este taller me despertaba mucho interés pues Dana era el facilitador; eso lo hacía mucho más atractivo.

El trayecto fue agradable a lo largo de las carreteras cubiertas con una fina envoltura de nieve. Me sentía en paz y contento; por la tarde llegué al aparcamiento del hostal saboreando el sonido de la nieve aplastándose bajo los neumáticos. Se acercaba el crepúsculo. Salí del automóvil y miré el sol que se hundía, con su filigrana de luz tenue que atravesaba las nubes y caía sobre los pinos oscuros. Yo absorbía la belleza absoluta y la divinidad del mundo natural que me rodeaba y disfruté al respirar hondo ese aire puro y frío y oír el crujido de la nieve bajo mis pies. La calma me iba invadiendo.

Entré en la cabaña principal, una gran habitación con piso de madera oscura. A la derecha tenía una chimenea de ladrillo rojo. La pared opuesta estaba repleta hasta el techo de libros y revistas. Había algunas personas sentadas en sillas y en un sofá rojo oscuro. A mi izquierda una puerta llevaba a la cocina. Podía oler que estaban cocinando algo. La chimenea estaba encendida y el dulce aroma de las hojas de pino quemándose llenaba la cabaña. Me presenté a los demás, algunos de los cuales ya conocía y entonces entró Dana. Nos abrazamos; hacía mucho tiempo que no lo veía. A todos nos entusiasmaba volver a practicar y a aprender más sobre chamanismo. Cenamos en un restaurante cercano y volvimos a nuestro hostal para dormir en la cabaña principal.

Llegó la mañana y justo después del desayuno empezó el taller. No tenía expectativas claras; solo estaba ansioso por aprender todo lo que pudiera sobre morir, la muerte y el más allá desde la perspectiva del chamanismo.

Nos organizamos en el salón para tener suficiente espacio sobre el piso de madera donde tender nuestras esteras y mantas y tener a mano las maracas, animales totémicos y otras herramientas que habíamos traído. Había dejado de nevar y el sol brillaba en el cielo. La mañana parecía mágica. Los pinos estaban cubiertos de blanco con sus ramas inclinadas hacia el suelo por el peso de la nieve y entre las nubes se colaban salpicaduras de luz.

Dana, vestido con un jersey marrón y unos pantalones verdes de molesquín, estiró las piernas y sonrió con amabilidad mientras miraba a los participantes. Dio inicio al taller bendiciéndonos a todos y pidiendo que nos presentáramos. Éramos quince personas en total, de varias ciudades de la Costa Este, y después de una breve introducción, Dana nos describió la teoría chamánica sobre el morir y el más allá.

—Los participantes aprenden la manera de abordar la muerte y el destino de las almas desde la perspectiva del chamanismo —nos explicó—. Este taller será útil para aquellos que quieran practicar para ellos mismos y también para los que deseen ayudar a otros, como a enfermos terminales. Por último, algunos de vosotros os reencontraréis con personas que ya se han ido, que ya han muerto. Durante este fin de semana, aprenderéis a familiarizaros con los reinos del más allá. Aprenderéis a usar los viajes chamánicos para ayudar a otros a terminar asuntos inacabados y a cruzar. También aprenderemos a ser psicopompos, que son las personas que guían un alma al más allá o durante el momento de la muerte. Un psicopompo también sabe buscar almas perdidas y guiarlas al hogar.

Dana nos dijo que el primer viaje sería para encontrarnos con algún pariente que hubiera muerto, y nos empezó a instruir sobre cómo hacerlo.

—Pensad en algún familiar que queráis volver a ver. Preguntad si podéis ayudarle. Tocaré mi tambor mientras viajáis al Mundo Inferior para encontraros con vuestros animales de poder. Ellos os ayudarán a reconocer a vuestro familiar. Una vez que os encontréis con él, preguntad si necesita ayuda y, si es así, qué clase de ayuda. A veces todo lo que necesitan es hablar sobre algo inacabado. Pero en otras ocasiones su alma está atrapada en la Tierra y necesitan ayuda para moverse al siguiente reino. Basta con que les preguntéis.

Una mañana de invierno, en octubre de 1952, encontraron muerto a mi padre. Yo era un bebé cuando recibió varios disparos a sangre fría en el pecho y le abandonaron hasta que se desangró en la playa Jaffa de Tel Aviv. En el taller, me consumió de inmediato un deseo intenso de buscarlo. Me sentí preparado para el reencuentro. Tenía tantas ganas de hablarle pero también me sentía ansioso y algo me apretaba el pecho, aunque supiera que estaba en un ambiente seguro. Las personas que me rodeaban parecían estar sintiendo emociones similares. Dana nos cuidaría a todos.

Me tendí en mi manta, cubrí mis ojos e hice una inspiración profunda. El silencio de la habitación parecía resonar. Ladró un perro en la distancia y crujieron los pedazos de madera de pino en la chimenea. Eran sonidos cálidos y reconfortantes.

Dana empezó a tocar su tambor con un ritmo suave pero rápido. Los tonos del instrumento empezaron como un aleteo y se volvieron cada vez más firmes y fuertes. Al instante, me zambullí en el Mundo Inferior para encontrarme con mis guías, mis ayudantes espirituales. Oso me esperaba en el bosque mágico, bañándose en la luz del sol que entraba a través de la gruesa capa de hojas verde oscuro parecidas a largas agujas. Me miró, sus ojos eran lagunas de amabilidad y sabiduría; me di cuenta de que sabía cuál era mi misión. Oso sabía que quería encontrar a mi padre. Trepé sin esfuerzo sobre su brillante lomo blanco y, cuando lo tuve bien agarrado, salimos volando. Mi animal me llevaba a conocer a mi padre y hacia nuevas revelaciones.

~~~ — ~~~

—Una vez que os encontréis con él, preguntad si necesita ayuda y, si es así, qué clase de ayuda. A veces todo lo que necesitan es

hablar sobre algo inacabado. Pero en otras ocasiones su alma está atrapada en la Tierra y necesitan ayuda para moverse al siguiente reino. Basta con que les preguntéis.

~~~ — ~~~

Papá

Aterrizamos en una extensión costera que no reconocí. Había oscurecido; la pálida luz de la luna brillaba sobre las olas que bañaban la arenosa playa blanca. Miré a mi alrededor y de repente vi una cara; supe que era él. Tenía exactamente el mismo aspecto que en sus fotos, como si el tiempo se hubiera detenido cuando murió. Mi padre era un hombre joven en sus veintitantos años de edad, con piel clara y pelo oscuro; era alto y muy atractivo. Me sonrió aunque sus ojos reflejaron un profundo dolor. Pude ver que había sufrido —que seguía sufriendo— y sentí su dolor. Estaba a solo unos pasos de mí pero, en realidad, lo único que veía era su cara. Me acerqué y una inmensa tristeza me envolvió.

—¿Papá? —dije.

No pronunció una sola palabra pero continuó sonriendo aunque era evidente que sufría.

—¿Por qué? —pregunté—. ¿Por qué moriste? ¿Por qué te fuiste?

Sus ojos se dilataron del sufrimiento y su cuerpo se cubrió de sangre. Parecía débil y frágil. Quise tocarlo, pero me sentí paralizado. Así que permanecí quieto. Oso, mi protector, se echó en la arena a unos pocos metros detrás. Sólo el sonido de las olas lanzándose sobre la costa, quebraban el silencio de la noche oscura.

—Para no interferir con tu vida, tu desarrollo, tus progresos —dijo al cabo de un rato.

Estaba aturdido. —¿Te puedo ayudar, papá? —finalmente pregunté—. ¿Debería llevarte a un lugar mejor?

—Sí, hijo, por favor. Te lo agradecería mucho —respondió casi en un susurro.

Abrí los brazos para envolver su cuerpo herido, lo ayudé a subir al lomo de Oso y me senté detrás de él. Oso se puso de pie con cuidado y voló hacia un vórtice de luz, alejándose de esa playa oscura donde mi padre había permanecido atrapado tanto tiempo. Fuimos directamente al Mundo Superior, al Mundo Blanco donde estaría rodeado de amor y se podría recuperar, y donde podría acudir a visitarlo.

Entramos al jardín blanco por las puertas abiertas y nos bajamos de Oso. Mi padre se puso a mi lado y apoyó su mano en mi hombro izquierdo. Estudié su rostro. Había desaparecido cualquier signo de dolor o agonía y todo rastro de sangre; sus ojos irradiaban bondad y paz. Me asombró su transformación. Aparecía bañado de amor, como si hubiera ocurrido una sanación instantánea. Sus miserias se habían evaporado.

—Gracias, hijo mío —dijo mirándome a los ojos. Una sonrisa pura y serena iluminó su cara—. Ahora puedes retornar a tu vida, pero por favor vuelve para que nos encontremos de nuevo.

—Sí, papá —respondí. Sentí una alegría enorme. Conseguí que volviera mi padre y desde ahora podría hablar con él en cualquier momento.

—Para no interferir con tu vida, tu desarrollo, tus progresos —dijo al cabo de un rato.
Estaba aturdido. —¿Te puedo ayudar, papá? —finalmente pregunté—. ¿Debería llevarte a un lugar mejor?

"Tu hijo es tu padre"

Nuestro siguiente viaje fue para encontrarnos con nuestro guía espiritual y preguntarle: "¿Hay algo que quieras compartir conmigo acerca de un familiar, tanto vivo como fallecido?" Aunque la muerte no es un asunto fácil de tratar, este hostal aislado y cubierto de nieve en la Maryland rural parecía el lugar perfecto para este debate.

Nos volvimos a echar sobre el piso de madera, nos cubrimos los ojos, y empezamos el viaje al ritmo del tambor de Dana. Decidí visitar a Elías, así que esta vez acudí directamente al Mundo Blanco.

Llegué afuera de las puertas abiertas. La vista del espectacular palacio blanco no dejaba de asombrarme. Todo el jardín vibraba con su blancura y casi percibía su esencia viva. No vi a nadie, pero supe que el jardín estaba lleno de vitalidad. Que nada estaba quieto. Sabía que sucedían muchas cosas en este jardín pero no veía a nadie. Quizá aún no me era permitido ver.

Entré al jardín y apareció Elías de pie junto a la gran mesa de mármol. Sus manos, cruzadas sobre el pecho, estaban cubiertas por las largas mangas blancas de su túnica. Cuando caminé hacia él, se dio vuelta y levantó su mano derecha para señalarme que lo siguiera dentro del jardín. Me sentí arrastrado por una fuerza magnética oculta mientras seguía sus pasos y, cuando caminábamos, percibía esa energía serena, pero poderosa a nuestro alrededor.

Entonces, Elías se detuvo, pisó un pequeño círculo de luz pálida en el suelo a su derecha, y empezó a flotar hacia el palacio, como si lo transportara una corriente invisible. Asombrado, lo seguí. Me puse sobre el mismo círculo de luz y floté. La corriente nos llevó a las profundidades del jardín mágico, un lugar donde nunca había estado. Flotamos directamente hacia el palacio y Elías se detuvo junto a la torre del extremo derecho. La edificación apuntaba al cielo, como si estuviera en sincera oración. Elías giró, me miró y me trasladó al interior.

Pero no hay puertas, pensé. Tampoco hay ventanas. ¿Cómo vamos a entrar?

Elías respondió a mi pregunta simplemente atravesando la pared de la torre y siguió caminando. ¿Por qué no intentarlo? pensé, y di varios pasos detrás de él, aunque me sentía anonadado y descreído: acabábamos de atravesar la pared como si no estuviera ahí. Estaba asombrado y extremadamente curioso. ¿Adónde exactamente me llevaba Elías y cuál era el motivo?

Ahora estábamos dentro del palacio blanco. Era una gloriosa estructura blanca que sugería algo celestial y paradisíaco. Yo tenía cierto sentido de lo divino, pero mi limitada mente era incapaz de absorberlo todo.

Elías, de pronto se detuvo en un pequeño patio con tres bancos más o menos dispuestos en círculo. No había nadie más que él y yo. Se sentó en un banco y me ordenó que me sentara a su lado. Alzó la mano izquierda y, cuando lo hizo, vi a alguien acercándose desde el otro lado del patio. El corazón me saltó en el pecho, ¡era mi padre! Quedé sin habla. Mi padre se sentó en el banco vacío frente a nosotros. Nadie habló.

Volví a mirar a Elías con asombro. Tenía los ojos cerrados.

—Estás aquí para preguntarme sobre tu hijo —dijo, con su profunda voz de trueno.

Un escalofrío recorrió mi cuerpo.

—Sí —contesté, dándome cuenta entonces de que había acudido justo para eso, para hablar sobre mi hijo Haim.

—¿Pero qué ocurre? —pregunté—. ¿Por qué estamos aquí? ¿Y por qué está aquí mi padre?

Elías no respondió, sino que agarró mi mano y cuando habló, su voz fue un eco en mi alma.

—Las trayectorias vitales de los humanos no son al azar —dijo. No había movido la boca; su cara no tenía ninguna expresión y mantenía los ojos cerrados.

—La meta de una vida es ayudar a construir un alma, a darle una senda por la cual pueda aprender, crecer, desarrollarse y madurar. Una sola vida física rara vez es tiempo suficiente para conseguirlo, pueden necesitarse muchas. El alma, por lo general, tiene que pasar por varios ciclos vitales hasta que consigue realizar su verdadero propósito.

Elías hizo una pausa. Creía que me sometía a una prueba para intentar discernir mi capacidad de digerir y asimilar lo que me decía.

—Toda alma en la Tierra, mientras se encuentra en un cuerpo humano, tiene un propósito, y a veces varios —continuó—. Una vez cumplidas sus metas, el alma abandona el cuerpo humano que tenía. En vuestro mundo, esto es lo que llamáis muerte. Para que un alma se desarrolle, el Creador le ha dado herramientas con las que trabajar, que son la mente y el cuerpo, además de un camino que recorrer, que son las etapas del ciclo vital. Poco después del momento de la concepción, el alma entra en el cuerpo. Durante la etapa de formación del cuerpo, el alma se ajusta para funcionar con sus limitaciones corporales. Después, cuando un bebé entra en su matriz de carne y hueso, cuando aún es físicamente dependiente, el alma continúa portando la memoria de experiencias de vidas anteriores y se relaciona con otras almas del entorno del bebé; así establece los cimientos de su vida futura y define el curso de su progreso. Es una fase crítica para el niño y también para el alma. Al igual que el cuerpo es sensible a amenazas inminentes, también lo es el alma. El bebé es nuevo en esta dimensión y puede ser dañado con facilidad. A veces, el alma se somete a traumas tan intensos que se rinde y abandona el cuerpo. El bebé muere.

Elías quedó en silencio. Pensé que me daba la oportunidad de procesar lo que acababa de oír. Lo miré ahí sentado; seguía con los ojos cerrados. Percibí que su relajante y cálida energía fluía hacia mí. Mi padre no había dicho nada; tenía una cara seria e irradiaba una expresión de tranquilidad.

—¿Esa es una razón por la que los bebés mueren —pregunté—. ¿Porque el alma no podía con ello y estaba sufriendo?

Elías tardó un momento en responder. —Sí, a veces. En ocasiones, el cuerpo físico no puede superar los obstáculos o no puede ser sanado. En otros casos, se debe a que el alma se rinde y decide abandonar ese trayecto vital. También, puede deberse a que el alma del bebé ha cumplido su propósito y se va, o que deja la Tierra para no dañar a otras almas ni interferir con su desarrollo. Cuando un alma se encuentra preparada para ir a la Tierra, sabe lo que tiene que conseguir y con quién. Trabaja para lograr su propósito. Elige el cuerpo humano y al padre y la madre adecuados para las lecciones o tareas que le esperan. En el cuerpo del bebé, necesita determinar cómo logrará sus metas. A veces no lo consigue, y otras, se rinde porque las demás almas con las que debería relacionarse se han ido. El alma sabe que tendrá que volver, pero prefiere retornar a la Tierra cuando esté mejor preparada o equipada para realizar sus tareas y aprender sus lecciones. También, puede permanecer en la Tierra solo porque necesita ayudar a otras almas. Por ejemplo, el alma del padre y la madre tienen un propósito o lección que aprender con la ayuda del alma de su bebé. En estos casos, la única meta del bebe es ayudar a las almas de sus padres a progresar; una vez hecho esto, quizá solo unos meses después de su nacimiento, el alma abandona la Tierra y el bebé muere.

Como ocurría con frecuencia cuando viajaba a ver a Elías, no me sentía preparado para ese nivel de aprendizaje y percepción.

Estaba ahí para escucharle y sabía que algún día compartiría esta información con otros.

—Aquí es donde empieza la trayectoria vital de un alma —continuó Elías tras una corta pausa—. Después de su etapa de bebé, es muy probable que el alma sepa cómo se va a desarrollar para aprender sus lecciones y conseguir sus metas. A medida que el humano madura y se vuelve más independiente, el alma adquiere más habilidades y herramientas que le ayudan en su progreso y aprendizaje. Durante la infancia, el alma se desarrolla a medida que lo hace el cuerpo. Trabaja con otras almas para realizar sus tareas. Es muy raro que un alma no necesite la interacción ni el apoyo de otras almas. En esta etapa comienza el verdadero aprendizaje y el alma gana confianza en sí misma y en su capacidad de realizar sus metas.

Los pensamientos volaban en mi mente. ¿Podía la etapa de la infancia del alma equivaler al periodo escolar de nuestras vidas? Después de todo, tanto la infancia como la escuela nos preparaban para ser adultos e independientes.

—Correcto —dijo Elías, como si leyera mi mente—. Durante la infancia, el alma aprende sobre todo lo que necesita realizar, y cuando el cuerpo funciona con independencia, el alma empieza a implementar lo que haya aprendido—. Hizo una pausa—. Sin embargo, un alma no siempre tiene éxito. No todas las almas consiguen todo lo que deberían realizar. A veces, repiten errores que hicieron en vidas anteriores. Para tener éxito, en ocasiones tienen que superar obstáculos que son el resultado de conflictos con otras almas y sus metas, o porque otra alma tiene sus propios planes.

—¿Entonces, cómo puede saber un alma que ha cumplido su propósito? —pregunté.

—Todos los ciclos de la vida humana son similares. El alma y lo que necesita lograr es lo que marca la diferencia. Para que tenga éxito, tiene que mantener una conexión con los ángeles y el Creador. Esto es lo que la ata a todos los recursos que necesita: energía, sanación y amor, mientras mantiene su presencia en la Tierra en un cuerpo humano.

—¿Los hombres y mujeres son distintos cuando se trata del alma? —pregunté.

Capítulo III

—Un alma no tiene preferencia por el género del humano con el que viaja. Puede estar en el cuerpo de un hombre durante un trayecto vital y la próxima vez, retornar en el cuerpo de una mujer. Depende de lo que necesite lograr y con quién. El alma decidirá qué género es el más adecuado cuando sepa el propósito que debe lograr, justo antes de emerger dentro del cuerpo del bebé.

—¿Y el crecimiento del alma guarda relación con la edad física? —pregunté.

—No —dijo Elías—. El alma no se asocia con ninguna edad física. Su crecimiento viene de la mano de sus logros, aunque necesita una mente y un cuerpo humanos para progresar. Por eso el Creador formó la vida en la Tierra en la manera de ciclos. Permiten que el alma se desarrolle y progrese en paralelo al cuerpo físico, desde el momento que nace hasta que muere, a lo largo de todo un trayecto vital. Y en el ciclo de la vida también está el del día y la noche. Cuando dormimos es el alma quien domina el curso de nuestro desarrollo, mientras que durante el día, domina la mente.

—¿Cuando dormimos? —repetí mirando a Elías—. ¿Cómo?

—A través de los sueños —respondió él. Se inclinó hacia adelante como si desease captar toda mi atención—. Los sueños son una de las maneras en que el Creador guía al alma y nos ayuda a desarrollarnos durante una vida —continuó—. En sueños, el alma canaliza la información que necesita la persona para progresar y conseguir sus metas. Pero corresponde a la mente de la persona decidir, cuando está despierto, cómo utilizará esta información y cuándo deberá realizar una acción.

Elías hizo una pausa de nuevo, dándome tiempo a organizar mis pensamientos. Hay bastantes casos de personas en muchos campos, como la ciencia, las artes o la tecnología, que recibieron información, ideas y respuestas revolucionarias en sueños. Paul McCartney, por ejemplo, soñó la melodía de su canción "Yesterday", que muchos valoran como una de las mejores de los Beatles. Otto Loewi ganó el Premio Nobel después de soñar un experimento en que demostraba sus hipótesis sobre la transmisión química de los impulsos nerviosos. Elias Howe, que inventó la máquina de coser, soñó la forma que debía tener la aguja y cómo el orificio tenía que situarse en la punta.

Y tenemos el sueño más famoso de todos: La escalera de Jacob, que aparece en el Libro del Génesis. "¡Y los ángeles de Dios bajaban y subían por ella!" Algunos interpretan que estos ángeles eran almas que ascendían y descendían a cuerpos humanos en la Tierra. El lugar donde Jacob durmió esa noche es el monte Moriah, el futuro lugar del Templo de Jerusalén. La escalera, entonces, simboliza la "puerta" entre el cielo y la Tierra.

—Los humanos no deberían interpretar sus sueños —continuó Elías subiendo su tono de voz—. Tampoco deberían intentar saber por qué tal o cual persona o asunto aparecieron en un sueño. Mejor sería que cooperaran y actuaran en base al mismo—. Añadió en un tono más bajo, atravesándome con la mirada: —La raza humana progresará pronto y avanzará a un nivel superior. Los humanos entrelazarán alma y mente, espíritu y materia, y en verdad os haréis similares al Creador.

Permanecimos sentados sin hablar por algún tiempo.

—Viniste para preguntar sobre tu hijo —dijo al cabo de un rato rompiendo el silencio—. Ahora te lo puedo decir—. Su mano apretó la mía y en ese momento me di cuenta que me tuvo agarrado todo el tiempo—. Tu hijo es tu padre.

Lo miré y después a mi padre. Estaba admirado. Me sentí eufórico y una extraña percepción de felicidad y alivió recorrió mi cuerpo; un sentimiento de revelación bañaba todo mi ser. No puedo explicarlo con palabras, pero era extraordinario, como si los eslabones que faltaban en mi vida hubieran sido encontrados y puestos de nuevo en su lugar.

Elías se puso de pie y empezó a caminar hacia el jardín. También me levanté y dudé mientras miraba a mi padre. Seguía sentado en el banco. Su cara emanaba calma y las débiles arrugas de una dulce sonrisa embellecían sus ojos cerrados. Era mi momento de terminar nuestro viaje. Ahora tenía que volver al hostal.

〰 —— 〰

—Toda alma en la Tierra, mientras se encuentra en un cuerpo humano, tiene un propósito, y a veces varios —continuó—. Una vez cumplidas sus metas, el alma abandona el cuerpo humano

que tenía. En vuestro mundo, esto es lo que llamáis muerte. Para que un alma se desarrolle, el Creador le ha dado herramientas con las que trabajar, que son la mente y el cuerpo, además de un camino que recorrer, que son las etapas del ciclo vital.

~~~ — ~~~

—*Todos los ciclos de la vida humana son similares. El alma y lo que necesita lograr es lo que marca la diferencia. Para que tenga éxito, tiene que mantener una conexión con los ángeles y el Creador. Esto es lo que la ata a todos los recursos que necesita: energía, sanación, amor, mientras mantiene su presencia en la Tierra en un cuerpo humano.*

~~~ — ~~~

Capítulo IV:

Mente, cuerpo y alma

~~ — ~~

Comprender las maravillas de la creación y la existencia humana, y nuestras capacidades, ha preocupado a muchas personas durante generaciones y yo no era ninguna excepción. He asistido a innumerables debates y leído cientos de libros y artículos sobre estos temas, aunque mis preguntas sobre el misterioso triángulo Mente–Cuerpo–Alma y su interconexión permanecían sin respuesta.

~~ — ~~

"¿Qué le ocurrió a Sharon?"

Hace mucho tiempo, en una fresca noche de verano en Chipre, hice un viaje chamánico para una amiga llamada Tali bajo la luz azul plateada de la luna llena que bañaba las olas del mar Mediterráneo. Nos encontrábamos sentados en el sofá de mi sala de estar y hablábamos sobre las prácticas del chamanismo cuando Tali dijo: —¿Viajarías para mí hasta tus guías y les preguntarías qué le pasó a Sharon? —Esperó mi reacción en silencio.

La miré y tenía los ojos oscurecidos por una pena inmensa. No sabía quién era Sharon, pero le dije: —Por supuesto, hagámoslo ahora mismo.

Cerré los ojos, hice una inspiración profunda y comencé mi viaje al Mundo Inferior para encontrarme con Hilla. Nos vimos en la misma costa oceánica con Delfín y Oso, que me había traído desde la cueva. Me senté junto a ella y observamos a Delfín deslizarse atravesando las olas a no mucha distancia. Antes de que formulase mi pregunta, Hilla dijo: —Él está muerto.

Pensaba que estaba acostumbrado a la tendencia que tenía de decirme cosas inesperadas. Sin embargo, me seguía sorprendiendo. La miré extrañado. —¿Él? Creía que Sharon era una mujer —dije—. ¿Muerto? ¿Por qué? ¿Cómo?

No contestó a mis preguntas. Sin embargo, me mostró una serie de tres escenas.

La primera era en la playa. El sol se ponía y una pareja caminaba tomándose de la mano por la arena cálida. No había nadie más que ellos. Reconocí la playa, era una de las más bonitas de Tel Aviv, el mismo lugar donde iba a nadar todas las mañanas de camino a la oficina mientras salía el sol. La pareja parecía tener casi treinta años de edad. Ella tenía la piel blanca, luminiscente; su larga cabellera rubia le caía en cascada por los hombros hacia la espalda. Él era alto y delgado, y tenía una piel aceitunada oscura. Caminaban tomados de la mano observando cómo el final del día se transformaba en un mágico crepúsculo mediterráneo.

La segunda escena mostraba el horizonte sobre el mar a medida que el sol se tornaba carmesí. La pareja entró en un restaurante cercano para cenar. No pude ver el nombre del restaurante. En la pared colgaba un cuadro con un marco de madera oscura de un barco luchando contra olas enormes. Vi a la pareja sentada en silencio; ella jugaba con el tenedor moviéndolo atrás y adelante por el plato. Él miraba hacia abajo con la mano derecha apoyada al lado de la comida, que no había tocado. El aire se llenaba de un silencio sombrío, como mudo reconocimiento de que no tenían mucho más que decirse.

En la tercera y última escena la pareja se encontraba otra vez en la playa. Esta vez el sol había sido tragado por el Mediterráneo. Él apareció solo, caminando por la orilla y entonces, entró en el agua. Ella estaba a una cierta distancia y lo observaba, esperando que se diera la vuelta y la mirara. Pero él no lo hizo. Siguió adentrándose en el mar y cuando el agua le llegó a la cintura, miró por encima del hombro, lo justo para que ella viera su cara. Levantó su brazo derecho despacio y lo agitó en el aire; se estaba despidiendo. Delante de los ojos asombrados de la mujer, caminó más y más lejos dentro del mar que lo esperaba, hasta que este lo envolvió totalmente y él desapareció.

Esas escenas me sobrecogieron por completo. No quería saber lo que Hilla estaba a punto de revelarme. Me sentí terriblemente agitado, aunque seguía atrapado por las imágenes cuando detuve el viaje y retorné a la habitación. Abrí los ojos y miré a Tali.

—Sharon es un varón, ¿no? —pregunté después de dudar un momento.

—Sí —respondió preocupada.

—Sharon se ha ido. Está muerto —le dije.

—Sí —contestó mientras le caían lágrimas por las mejillas.

—Se ahogó en el mar —continué.

—Sí —dijo llorando. Agarré sus manos y la miré a los ojos, esperando un rato antes de compartir las visiones que había tenido.

—Eso es exactamente lo que pasó —dijo Tali—. Pero nadie sabe por qué. ¿Se lo preguntarías a tus guías?

Al principio dudé, pues me pesaba la carga de tener que comunicar algo horrible a mi amiga. Pero respiré hondo y decidí hacerlo. Cerré los ojos y sentí que me deslizaba rápido otra vez adonde me esperaban Hilla, Delfín y Oso. Hilla estaba sentada en la arena con Oso a su lado, y Delfín, a varios metros, salía y entraba en las olas de manera silenciosa.

—¿Por qué se fue Sharon? —pregunté.

Hilla giró su cara, con su pelo largo y sedoso, negro como el carbón, meciéndose sobre los hombros, y me miró con una seria expresión en sus ojos. —Su alma no aguantaba más. Para algunas almas, este mundo es una experiencia abrasadora y se rompen cuando las fuerzas opuestas parecen tirar de ellas en distintas direcciones. Su estructura interior se rompe en pedazos. Su alma no lo soportaba y decidió abandonar la Tierra.

Con el corazón perplejo y apesadumbrado, di las gracias y volví a Tali. Le conté despacio la explicación que me dio Hilla sobre la partida de Sharon.

Las lágrimas corrían por el pálido rostro de mi amiga. Entonces suspiró, enderezó los hombros y se acercó para agarrar mis manos. —Sufría mucho —dijo con la voz quebrada y llena de lágrimas—. Llevaba una doble vida. Era un director de cine muy conocido con mucho éxito, pero también era una persona muy religiosa, un buscador, y su curiosidad sin límites lo llevó al mundo espiritual. Esos dos mundos, como director de cine y como buscador espiritual, eran muy distintos y ambos estilos de vida lo destrozaron. Cuanto más éxito tenía como cineasta, más se acercaba a la espiritualidad, pero ambos mundos eran incompatibles. 'Tali, no lo soporto más', me dijo la última vez que lo vi y, poco después, encontraron su cuerpo, que las olas habían arrastrado a la costa de Tel Aviv. Oí decir que murió en algún momento durante la noche después de salir a cenar con su mujer—. Tali empezó a llorar otra vez—. ¿Crees que Sharon se suicidó porque no pudo seguir combinando ambos estilos de vida? —me preguntó.

—Desde luego, no fue un accidente —contesté—. Como me dijo Hilla, su alma no aguantaba más y decidió abandonar la Tierra.

Controlador, transporte y pasajero

Leí una vez una historia en que un joven padre hablaba sobre su hijo, que había muerto a los tres meses de edad. Este padre estaba familiarizado con el concepto de canalización, y canalizó el mundo espiritual esperando encontrar alivio y llenar el pozo de agonía que punzaba su ser. Más adelante, descubrió que su hijo murió tan pronto porque su alma había cumplido su tarea y por eso abandonó la Tierra. La historia de este joven padre me hizo pensar en la importancia que tiene el alma en nuestra vida. ¿Cuál es la relación entre el alma y la mente, y qué relación guarda el cuerpo con ellas?

Capítulo IV

Sabía que estaba en una búsqueda, con dudas sobre las que meditar; no me encontraba en situación de querer respuestas definitivas sobre la relación entre cuerpo, mente y alma, o sobre la vida y la muerte. Lo único que sabía era que una sensación de humilde búsqueda me llevaba a continuar mi viaje.

Oso estaba en su sitio usual cerca de la cueva, sentado sobre un frondoso manto de hierba en el bosque mágico, bañado por el sol. Sentí una tremenda alegría por volver a verlo. Nos abrazamos, salté sobre su espalda, y volamos hasta la playa, donde me bajó con suavidad sobre la arena a los pies de Hilla. Delfín descansaba cerca de la orilla con el océano acariciándole el cuerpo, y nos miró con sus preciosos ojos llenos de amabilidad. Hilla, Oso y Delfín parecían inusualmente excitados esta vez. Como siempre, Hilla intuyó mis preguntas y mi búsqueda.

—Viajemos al Mundo Superior —sugirió con su voz suave llena de amor—. Estaremos un rato con Elías.

Subí a la brillante espalda de Oso, blanca como la nieve; Delfín se irguió sobre su cola, estirando con elegancia su cuerpo gris por encima del agua, deslizándose sobre la superficie, y Hilla se puso de pie, levantó las manos hacia el cielo y observó. Esa era nuestra señal para ascender al Mundo Superior y, después de atravesar la familiar membrana blanca de nubes, aterrizamos en la algodonosa superficie del Mundo Blanco.

La profunda blancura nos envolvió mientras caminábamos hacia el palacio, Hilla en un lado y Oso en el otro, y Delfín nadando por delante. Atravesamos las puertas abiertas y en minutos llegamos a la mesa de mármol blanco con bancos a cada lado donde solía encontrarme con Elías. Nos sentamos y esperamos; Hilla estaba a mi derecha con los ojos cerrados. Miré hacia el palacio en la distancia; ese día no revelaba mucho de su gloria.

Percibía la presencia de Elías, pero no lo veía por ninguna parte. Repentinamente, escuché una voz profunda y familiar: —La mente es el controlador, el cuerpo es el transportador y el alma es el pasajero. Durante un trayecto vital, la mente y el alma están en constante comunicación. El ciclo de la vida se estructura de tal manera que el alma tiene la oportunidad de influir en la dirección de la trayectoria al principio y al final, más que en cualquier otra etapa del ciclo humano. Para que el alma aprenda, se desarrolle y progrese, necesita una mente y un cuerpo —continuó Elías—. Cuando el alma decide retornar a la Tierra, elige el cuerpo y la mente que mejor se adapten a su propósito y que más le ayuden a realizar sus tareas en ese recorrido vital. Así que mientras el alma toma la decisión sobre el tipo de cuerpo y mente en los que va a evolucionar, es sobre todo la mente la que controla el progreso en sí. La mente es la que más influye en lo que aprenderá el alma.

Hizo una pausa y quedó en silencio, dándome tiempo para absorber lo que acababa de decir. Me sentía fascinado. Por mis lecturas de la literatura sagrada hindú, sabía que una práctica común del sadhu (hombre sagrado) era dejar su familia y su aldea para empezar un viaje espiritual en busca de redención y de respuestas al sentido de la vida y otras dudas filosóficas. También había oído a la gente decir, cuando veían a un recién nacido, "este bebé tiene un alma pura" o "este bebé tiene un alma antigua". Esto sugiere que las personas pueden relacionarse con el alma del recién nacido.

—Existen muchas ideas sobre la necesidad de equilibrar cuerpo, mente y alma —le dije a Elías desde el otro lado de la mesa. Tenía los ojos cerrados pero sabía que me escuchaba, así que continué—. Algunos dicen que el equilibrio de cuerpo, mente y alma es una experiencia sublime y que solo cuando los tres están equilibrados podemos progresar de manera adecuada en la vida.

La cabeza de Elías estaba inclinada e irradiaba una presencia divina y pacífica. Al cabo de unos segundos replicó: —Ese equilibrio del que habláis los humanos es distinto de la verdadera relación que debería haber entre alma, mente y cuerpo. Como la mente es la que controla, puede darse que la capacidad de funcionar del alma sea muy limitada. Esto suele ocurrir cuando la mente está demasiado ocupada consigo misma, cuando el ego es más importante que cuidar el cuerpo. Cuando es así, con frecuencia hay una enfermedad corporal y, más adelante, un alma disfuncional que lleva, en algunos casos, a la muerte, por suicidio o por una enfermedad grave.

—Entonces se necesita un equilibrio, pero controlado por la mente, que cambia a medida que progresa la vida de la persona —sugerí.

—Precisamente —dijo—. El alma abandonará el cuerpo, la Tierra, si siente que la mente ya no la apoya, cuando la mente no la ayuda a alcanzar sus metas.

Hizo una pausa, abrió los ojos y me miró fijamente. Su mirada penetrante me hipnotizaba. No podía pensar ni moverme.

—¿Es así cuando alguien sufre un trauma grave o entra en coma? —finalmente conseguí preguntar.

Elías permaneció en silencio y dijo un rato después: —Cuando un humano está en coma, el alma deja la Tierra hacia el Mundo Amarillo, donde se puede recuperar. Quizá decida retornar a la misma mente y cuerpo en ese ciclo de vida o no. Cuando se crea un bebé, su mente está en blanco, vacía. Sin embargo, paradójicamente, es cuando la mente está más capacitada para absorber conocimiento. Entonces la función del alma es grabar en la mente todo lo que necesita para iniciar su viaje de vida. Todas las leyes de la naturaleza, todas las percepciones y todos los reflejos se graban en la mente cuando el alma se funde con el cuerpo. Cuando el niño crece, la capacidad de la mente para influir en el progreso del alma se hace más fuerte. A mayor edad, más control tiene la mente sobre lo que el alma está a punto de experimentar y aprender. La mente está diseñada de tal manera que, desde el momento en que nace el bebé, suceden ciertos desarrollos mediante los cuales el alma tiene experiencias, aprende y adquiere conocimiento durante una vida.

Otra vez, Elías hizo una pausa y quedó en silencio. Miré alrededor. Hilla seguía a mi lado, pero tenía los ojos cerrados mientras procesaba las enseñanzas de Elías.

Elías continuó: —A medida que el humano se hace maduro, la mente se vuelve más como un almacén, por contraste con la vacuidad del receptáculo de la fase infantil. En los años posteriores, la información que debe procesar el alma se carga en la mente para compartirla, y ella elegirá lo que desea tomar como una lección antes de abandonar el cuerpo humano. Así que aunque un alma pueda decidir terminar la vida en una determinada etapa, es la mente la que realmente dicta la senda de la vida y, en consecuencia, las lecciones que el alma aprenderá.

Se generó un silencio mientras yo absorbía estos conceptos. Miré a Elías. Tenía los ojos cerrados y, aunque su rostro reflejaba una calma serena, yo podía detectar su poderosa presencia. Entonces, abrió los ojos y me miró como interrogando mi entendimiento. Sentado sin moverme, necesitaba reflexionar, pero sabía que el tiempo que estaba con él era demasiado valioso e hice otra pregunta.

—¿Cómo se comunican la mente y el alma?

Elías me siguió mirando. Creí ver una sonrisa en sus ojos, algo que raramente veía.

—Tocas una cuestión sobre la que muy pocos tienen conocimiento hasta ahora —acabó por decir.

Mantuve un silencio respetuoso con la esperanza de oír más.

—La mente tiene varios circuitos y hace uso de corrientes de energía para acceder a ellos —continuó—. Cada circuito tiene un determinado propósito y a vosotros los humanos solo os está permitido acceder a unos pocos: el circuito que controla movimientos corporales, el circuito que os permite analizar, el circuito del pensamiento, y algunos más. Mientras que esos son significativos, hay otros que solo se emplean para la comunicación entre el alma y la mente. En esos circuitos particulares, el alma guarda su experiencia y su conocimiento para que la mente actúe en consecuencia. El alma, para aumentar su desarrollo, accederá a dichos circuitos cuando abandone el cuerpo y lleve consigo lo que necesita. Hace esto con las tres corrientes de energía: azul, verde y rojo. La combinación de estas corrientes refleja los distintos tipos de información que el alma procesa y que comunica a la mente y a otras almas.

Sentí como si Hilla estuviera tratando de preguntar algo, así que me giré para mirarla. Abrió los ojos, miró a Elías y preguntó: —¿Qué le sucede a su mente ahora mientras habla contigo?

Esto realmente me tomó por sorpresa. Nunca antes Hilla había hablado cuando estábamos en presencia de Elías.

—Su mente se ha cerrado y también su cuerpo —explicó Elías—. Y este cerramiento hace que su alma funcione en plenitud y absorba lo que ha sido dicho. Aquí, en el Mundo Superior, el cuerpo y la mente no tienen razón de ser; como tampoco la tienen otros elementos terrestres como el tiempo y el espacio. Solo el alma existe aquí.

Me sentí sobrecogido. Nunca pensé que las relaciones entre alma, mente y cuerpo pudieran ser de esa manera, y sentí que Elías podía explicarme tantas cosas más. Permanecí sentado sin moverme, envuelto en una sensación de quietud que me era desconocida. No quería salir de ese magnífico jardín blanco, con su mesa de mármol, con sus bancos del aprendizaje. Solo anhelaba oír más, absorber, comprender. No deseaba abandonar la presencia de Elías.

Entonces, Elías cerró los ojos, inclinó la cabeza hacia el pecho y desapareció gradualmente en la blancura neblinosa. En la distancia, el palacio con sus torres lentamente se hicieron visibles.

—Debemos volver ahora —oí decir a Hilla.

Nos levantamos y nos unimos a Delfín y a Oso, a fin de retornar al Mundo Inferior.

―――

—Durante un trayecto vital, la mente y el alma están en constante comunicación. El ciclo de la vida se estructura de tal manera que el alma tiene la oportunidad de influir en la dirección de la trayectoria al principio y al final, más que en cualquier otra etapa del ciclo humano. Para que el alma aprenda, se desarrolle y progrese, necesita una mente y un cuerpo.

―――

—Ese equilibrio del que habláis los humanos es distinto de la verdadera relación que debería haber entre alma, mente y cuerpo. Como la mente es la que controla, puede darse que la capacidad de funcionar del alma sea muy limitada. Esto suele ocurrir cuando la mente está demasiado ocupada consigo misma, cuando el ego es más importante que cuidar el cuerpo. Cuando es así, con frecuencia hay una enfermedad corporal y, más adelante, un alma disfuncional que lleva, en algunos casos, a la muerte, por suicidio o por una enfermedad grave.

―――

Capítulo V:

El amor y las almas

~~~ — ~~~

"Todo lo que necesitas es amor", la inmortal canción que compuso John Lennon, contiene un mensaje sencillo: el amor lo es todo; es todo lo que necesitamos.

¿Es amor realmente todo lo que requerimos? ¿Es así de simple? ¿Y qué hay del concepto de las almas gemelas? ¿También es una forma de amor? Todos nosotros en algún momento de nuestras vidas hemos sentido una profunda conexión con otra persona que no es amor, pero que hace que nos sintamos completos y que compartamos el mismo camino, el mismo destino; con frecuencia decimos que la persona que nos provoca esos sentimientos es nuestra alma gemela. La pareja Lennon–McCartney escribió más de cien canciones. ¿John y Paul eran almas gemelas? Juntos crearon algo magnífico, sin duda, durante esos años. Tenía ganas de que Hilla me hablara sobre lo que pensaba del amor, las almas gemelas y el destino.

Una brisa veraniega con aroma de pino entraba por la puerta abierta del salón en mi casa de los montes de Troodos. Esa apacible tarde de fin de semana hice un viaje chamánico en busca del sentido del amor. Mientras hacía sonar mi tambor y sacudía mis maracas, me fui echando en el suelo y me cubrí con la manta, cerré los ojos y llegué en un instante al orificio en el fondo del océano desde donde comenzar mi descenso deslizante hacia la cueva. Como en todos mis viajes, Oso permanecía sentado en su sitio en un lecho de hierba muy vívida fuera de la cueva del majestuoso bosque. Subí sobre su lomo sin ningún esfuerzo, deslicé mis manos dentro de su pelaje y me sujeté firmemente mientras me transportaba a la playa donde me esperaba Hilla. Delfín nadaba en el océano y ocasionalmente se erguía con su cola sobre la superficie, haciendo ondas y sonriéndonos con una mirada amable. Me senté junto a ella y absorbí las energías circundantes mientras disfrutaba de los sonidos místicos de la naturaleza y respiraba el aire terso del océano. Hilla y yo mirábamos el agua azul cristalina, ella con los ojos cerrados y yo escrutando a Delfín, que jugaba en las olas.

Al poco rato observé a Hilla mientras memorizaba mis preguntas. Antes de que dijera una sola palabra, ella afirmó: —Deberías hablar con Elías sobre el amor. Vayamos juntos a verlo.

Nos pusimos de pie y Hilla gesticuló para que la tomara de la mano izquierda. Levantó su mano derecha hacia el cielo y miró. Trepamos al instante y atravesamos la membrana blanca hasta aterrizar en la superficie algodonosa del Mundo Blanco. La profunda blancura nos abrazó mientras caminábamos cruzando la niebla hacia el palacio. Hilla iba un paso detrás mío a mi derecha.

Elías nos esperaba en la entrada del palacio. Esto es muy inusual, pensé, volviendo a sentir ese respeto inmenso y familiar mezclado con humildad y reverencia. Su presencia magnética se irradiaba por todo el alrededor. Su aspecto regio siempre me dejaba asombrado, sin poder pronunciar palabra. Cruzamos las puertas y entramos el jardín para ir a sentarnos en los bancos. Hilla y yo nos situamos frente a Elías y él comenzó su enseñanza.

Amor

—El amor es una cosa distinta a lo que crees —afirmó Elías mirándome directamente a los ojos—. No es a lo que los humanos os referís como unos intensos sentimientos hacia alguien o algo. El amor es el Creador.

Había pasado cierto tiempo desde la primera vez que nos habíamos encontrado y ahora no me sentía tan inquieto en su celestial presencia.

—¿El amor es el Creador? —repetí, para estar seguro de haber oído bien.

Cuando vocalicé esta pregunta, sentí la calidez de Hilla fluir en mi interior, como si intentara ayudarme y prestar su apoyo, aunque no intercambiásemos palabras ni miradas. Yo estaba cautivado por los ojos de Elías, veteados de gris, verde y ámbar. Eran ojos magnéticos. Me sonrió con la mirada como si me leyese el alma. Me sentí envuelto en un manto de amor; no encuentro palabras para explicar ese momento. Su silencio me envolvía en oleadas. Parecía que esperaba a que digiriera y absorbiera su respuesta.

—El Creador, o lo divino, es lo que significa amor —dijo de pie mientras caminaba a nuestro alrededor, con su capa blanca a ras de suelo, su rostro brillando y sus ojos oscuros punzándome como si intentara plantar sus pensamientos en mi cabeza.

—El Creador de todo esto: el universo, los planetas, la vida, es la fuente del amor, el cimiento del ser, la causa de vivir. La espiritualidad de uno alimenta a todas las dimensiones físicas. Las formas físicas no pueden existir sin los niveles espirituales. Si retiras el alma del cuerpo, ¿qué obtienes?— Se sentó tranquilamente en el banco opuesto al nuestro. Mi mente buscaba respuestas frenéticamente. Entonces me di cuenta de que era probable que él realmente no esperara una respuesta. Él estaba plantando semillas, semillas de conocimiento, y todo lo que yo tenía que hacer era sentarme y escuchar.

—Retiras la energía de cualquier objeto, ¿y qué obtienes? —preguntó.

No pude contenerme y respondí: —¿Así que amor y energía son lo mismo?

—Sí, de alguna manera —respondió—. El amor, o la energía, hacen que cualquier objeto viva, lo hacen funcionar para que manifieste su propósito. El amor es lo único que rige el movimiento cíclico del mundo físico y espiritual. En la Tierra nacéis, vivís, morís y volvéis a nacer. Es el amor lo que permite que ocurra ese ciclo. El amor es la fuente de todo ello.

Para entonces ya estaba acostumbrado a escuchar cosas imprevistas, por lo que no me causó sorpresa en absoluto. Mi curiosidad me creaba la ansiedad de querer saber más.

¿Si el Creador es amor, qué es la energía? ¿Cómo funciona todo esto?, me preguntaba. Algo sabía del amor, ¿pero quién era el Creador? ¿Cómo encajaba todo esto en algo de lo que ya sabía?

—Es más simple de lo que uno pensaría —dijo Elías. Quedé sobresaltado, pues solo había pensado mis preguntas, no las había formulado. Él sonrió y sus ojos irradiaron una luz brillante, vívidos como las estrellas de una noche en el desierto.

—Existen otros reinos donde las almas van después de abandonar el cuerpo físico —continuó—. Ahí se transforman, recargan y sumergen en el amor, casi como en un océano de amor, a fin de que vuelvan y realicen las actividades necesarias para su desarrollo en la Tierra. Sin amor, este ciclo, esta dimensión del ser, no puede continuar. Cada reino tiene un color distinto. El reino en el que estamos ahora es el Mundo Blanco. El reino del amor es rojo.

Me mantuve en silencio a pesar de que tenía muchas preguntas. Mi capacidad de asimilar lo que estaba diciendo empezó a desvanecerse. Este tópico era inmenso. ¿Cómo podría absorber tanto?

—Ves, los humanos os referís al amor como algo que expresa fuertes sentimientos por los demás, pero eso no es lo que el amor verdaderamente es —dijo Elías—. El aspecto significativo del amor para vosotros es que os sentís plenos cuando amáis. Experimentar el amor os da un atisbo del Creador y os acerca a Él, a lo divino.

Todo lo que necesitas es amor, pensé para mis adentros. Quizá el amor *es* en realidad todo lo que uno necesita para cumplir su propósito, para crear, para llegar a ser como el Creador.

~~~ — ~~~

—El Creador, o lo divino, es lo que significa amor —dijo de pie mientras caminaba a nuestro alrededor, con su capa blanca a

ras de suelo, su rostro brillando y sus ojos oscuros punzándome como si intentara plantar sus pensamientos en mi cabeza.

~~ — ~~

Almas gemelas

Miré a Hilla y levanté las cejas esperando su aprobación para preguntar a Elías sobre las almas gemelas y lo que "almas gemelas" realmente significaba. Ella asintió y cuando giré hacia Elías, empezó a responder a mi pregunta nunca dicha.

—Desde luego, podemos hablar de almas gemelas. Pero primero, déjame contarte de las almas y los espíritus. Cada alma tiene su propósito en vuestro mundo. Un alma puede volver a un ser humano una y otra vez a fin de cumplir ese propósito.

—¿Propósito? ¿Cómo conocería un alma su propósito? —pregunté.

—Cuando está en la Tierra el alma no sabe su propósito, pero cuando ha partido hacia los otros mundos, adquiere un conocimiento claro de si lo ha cumplido o si debe regresar a la Tierra.

—¿Así que el alma no tiene ni idea mientras está en la Tierra, pero es plenamente consciente de ello cuando está aquí, en el Mundo Blanco? —dije.

—Correcto. Aquí o en otros mundos, pero no en la Tierra —respondió Elías.

—Entonces, ¿qué está ocurriendo aquí y en los otros mundos? —pregunté.

—Ahora que conoces el ciclo de las almas, hablemos de las almas gemelas —dijo Elías ignorando mi pregunta—. No son lo que tú crees. Almas gemelas son almas que trabajan juntas para conseguir un propósito distinto. Pueden estar unidas durante un largo tiempo, meses o quizá años, o durante un corto periodo de días, horas o incluso minutos. No tiene ningún significado la cantidad de tiempo en que las almas gemelas coincidan. Lo más importante es el objetivo que tienen que lograr.

Estaba intrigado. Lo que acaba de oír no coincidía con mi concepto de lo que eran las almas gemelas.

—De hecho, hay ejemplos de encuentros cortos que son más importantes para las dos almas que una relación larga —continuó

Elías—. Además, se pueden tener muchas almas gemelas mientras uno está en la Tierra. Todo depende de la etapa en que se encuentre el alma y de la misión que deba cumplir en dicha etapa.

Hizo una pausa y me dio tiempo para reflexionar.

En la Tierra, nosotros, los humanos, percibimos que el alma gemela es una conexión de amor, un vínculo entre dos personas que, con frecuencia, no sabemos explicar y que incluso puede tener poco que ver con lo que llamamos amor. Una persona puede tener un solo encuentro con otra durante un corto periodo, una hora, o un fin de semana, y la vida de ambas puede cambiar por completo. Solemos utilizar el término "alma gemela" con el significado de "enamorarse" o de expresar intensos sentimientos de atracción. Sin embargo, Elías me sugería que este concepto tiene un significado distinto y que puede manifestarse de distintas maneras. Si un alma busca su crecimiento y desarrollo, el encuentro con otra no siempre tiene que ser armonioso.

Me miró mientras reflexionaba; parecía que leía mis pensamientos.

—Tener un alma gemela es muy importante para cualquier alma —dijo—. En muchos casos, su propósito es inalcanzable si no se conecta con un alma gemela que la ayude.

Quizá esto es lo que quieren decir algunos cuando definen las almas gemelas como las dos alas de un pájaro, pensé; ambas deben tener fuerza para que el pájaro vuele.

Almas gemelas son almas que trabajan juntas para conseguir un propósito distinto. Pueden estar unidas durante un largo tiempo, meses o quizá años, o durante un corto periodo de días, horas o incluso minutos.

Destino

Volví a mi conversación con Elías. Esta vez fui el primero en hablar.

—Entiendo que las almas tienen un propósito. También comprendo que vuelven una y otra vez hasta que lo cumplen. ¿Pero cuál es su destino? ¿Qué pasa después de que el alma cumple su propósito? —pregunté.

Elías se reclinó y después se inclinó hacia delante, mirándome inquisitivamente como si estudiara mi capacidad para comprender lo que él estaba a punto de revelar.

—No existe tal cosa como el destino de un alma —acabó por decir—. Te explicaré más adelante qué ocurre cuando el alma alcanza su propósito.

Volvió a hacer una pausa. Lo miré sin decir una sola palabra y esperé con paciencia a que continuara.

—El destino de un ser humano es el resultado del propósito de su alma. Aunque el alma conoce con claridad ese propósito, el destino de un ser humano es desconocido, pues está determinado por el camino que toma esa alma, el cual puede verse influido por otras, como las almas gemelas. El destino también está determinado por la mente, que influye sobre el alma y depende de la etapa vital: bebé, niño, adulto o anciano, en que se encuentre el humano.

Almas simples

—Hay tres niveles de almas —explicó Elías—. Las almas simples son el primer nivel. Aún no han conseguido su propósito y tienen que volver a la Tierra una y otra vez hasta que aprendan todas las lecciones y logren todas las metas. Cada una de las etapas del crecimiento del cuerpo físico les enseña algo nuevo y pueden progresar cada vez que retornan al planeta. Cuando lo abandonan, ascienden al Mundo Rojo para ser sanadas, recuperarse, obtener ayuda, aprender y descansar. Una vez preparadas, volverán a la Tierra, a un cuerpo físico humano.

—¿Podrías darme un ejemplo de un alma que no ha cumplido su propósito en la Tierra? —pregunté tentativamente, preocupado por ser demasiado directo.

—El suicidio —contestó Elías—. Cuando el alma se encuentra bajo una tremenda tensión, cuando se siente atrapada y es incapaz de resolver una determinada situación, se rinde. Esa alma ordenará a la mente humana que mate al cuerpo para que pueda abandonarlo. Será llevada al Mundo Rojo para recuperarse del trauma y será asistida por ángeles para que estudie y aprenda de sus experiencias. Verá el patrón de su vida con más claridad y comprenderá qué estuvo errado y cómo tratar la situación de una manera mejor. Una vez preparada, esa alma se irá del Mundo Rojo y regresará en forma física humana a la esfera terrena, donde se enfrentará a una situación similar a la que tuvo previamente y no supo resolver. De este modo, acumula fuerzas para poder trasladarse a la siguiente fase de crecimiento.

Ángeles

Los ángeles son el segundo nivel. Son almas que han cumplido su propósito y que pueden decidir no volver a la Tierra, sino permanecer en el Mundo Rojo. Aquellas almas que han alcanzado este nivel están preparadas para asistir a las almas simples, tanto en la Tierra como en el Mundo Rojo. Además, los ángeles pueden elegir regresar al planeta en un cuerpo humano para convertirse en almas gemelas de las almas simples. También pueden ir a la Tierra como espíritus en lugar de una forma física, a fin de ayudar a las almas simples a lograr sus metas.

Las preguntas volaron de mi boca. —¿Vemos a esos ángeles? ¿Podemos hablar con ellos o rezarles?

—Sí —respondió Elías—. Cuando un humano invoca a un ángel, en realidad, es el alma la que está pidiendo asistencia o consejos. Esta 'llamada al ángel' suele ocurrir casi siempre cuando el humano está dormido, en el mundo de los sueños, ya que solo así el alma es libre de conectarse con los ángeles u otros asistentes no humanos.

—¿Libre de qué? —pregunté.

—Libre de no tener que enfrentarse con la mente humana —respondió.

Es asombroso, pensé. Tengo que seguir viajando hasta Elías para saber sobre las almas y la mente. Le miré buscando una señal de aprobación.

—Desde luego —dijo—. Sigamos con ello.

Creo que le vi sonreír, aunque pudo haber sido mi imaginación.

Profetas

—Los profetas son el tercer nivel de almas —continuó Elías—. Esas almas permanecen siempre en el Mundo Superior y nunca regresan a la Tierra. Los ángeles pueden elegir convertirse en profetas o seguir como ángeles. Los profetas ayudan a los ángeles y también pueden elegir guiar y asistir a las almas simples cuando están en la Tierra de varias maneras: oración, meditación, viajes chamánicos y otros métodos similares.

—¿Como tú y yo? —pregunté.

Rara vez observaba alguna expresión en la cara de Elías, aparte de alguna sonrisa. Esta vez, sin embargo, abrió los ojos, me miró fijamente y volvió a sonreír amablemente. —Como yo y tú: el profeta y el chamán.

Sentí como si todo mi cuerpo hubiera sido bañado en puro amor. Estaba extasiado; estaba en el cielo.

Capítulo VI:

Los Diez Mandamientos del alma

~~~ — ~~~

Cuando vivía en el kibbutz Givat Brener, la radio era la forma más popular de entretenimiento para un niño pequeño. Teníamos una biblioteca en un impresionante edificio de dos plantas recubierto de mármol llamado Bet-Sirenie, situado en una colina en el centro de nuestro kibbutz.

A un lado, un pequeño bosque de eucaliptos altísimos, que era una de mis guaridas preferidas, rodeaba la biblioteca Bet-Sirenie. Al otro lado, una gran pradera de grama verde oscuro del tamaño de dos campos de fútbol, y en el límite del perímetro, una pequeña laguna con forma de corazón llena de nenúfares blancos, amarillos y rosa bajo la sombra de altos bambúes. Las ranas verdes saltaban dentro y fuera, y la carpa dorada mejor alimentada que he visto jamás nadaba tranquila.

"¡Sssh! ¡Mantenerse en silencio!" se leía en una señal de madera colgada en la puerta de la biblioteca. Un largo pasillo, en cuyas paredes se alineaban las fotografías de los fundadores del kibbutz, llevaba a una gran sala con unas pocas mesas y grandes estanterías con toda clase de libros sobre historia y astrología. Allí, una vez a la semana, los viernes por la noche, nos ponían películas, la mayoría clasificadas "R". Yo solía esconderme fuera en la oscuridad y entraba de puntillas en la sala en cuanto apagaban las luces. Nada contenía mi rebeldía. Me encantaba desafiar las normas de los adultos.

Pero mi mayor placer era sentarme delante de la radio y escuchar todo tipo de programas. Era el punto álgido con el que terminaba el día. Por la noche, una vez duchado y hechos los deberes, me ponía unos auriculares para no oír el mundo exterior y me sumergía en un océano mágico de sonidos y frecuencias.

Con nueve años de edad, fabriqué mi propia radio, ¡qué orgulloso me sentía! Construí una pequeña caja de madera con dos mandos en la parte frontal, uno para el volumen y otro para seleccionar los canales. En la parte trasera, cableé una antena y la conecté al tejado de nuestra casa. En el lado izquierdo de la radio enchufé los auriculares, que había comprado en un mercadillo de Rehovot, una ciudad próxima.

Recuerdo que pasaba horas escuchando distintos programas de varios emisoras: *Noticias a cada hora*, o *Dash Im Shir*, un programa de canciones y oración, en la emisora Galei Tzahal; documentales y dramatizaciones como *Mishpachat Simchon*, la historia de una familia israelí, en la emisora Kol Israel, o *Canciones Populares* en radio Ramallah.

Un programa, en especial, despertaba mi inspiración, me emocionaba profundamente y me hacía pensar y soñar: ese sentimiento alimentaba mi alma. Todos los viernes cuando se ponía el sol, iba a mi pequeño dormitorio, me sentaba en la cama y apagaba la lámpara. Cerraba los ojos y escuchaba la lectura semanal de la Torah, *Parashat Hashavuah*. Me han fascinado siempre las historias de la Torah, como las que aparecen en el Libro del Génesis, o la vida de José en Egipto, y muchas otras. Pero sobre todo, me intrigaba e inspiraba la figura de Moisés. Fue un hombre humilde que tartamudeaba.

Apenas podía hablar, aunque fue elegido por Dios para llevar a toda la nación israelita fuera de Egipto en lo que fue un viaje de cuarenta años hasta la tierra prometida.

Muchos años más tarde, cuando me acercaba a los cincuenta años de edad y vivía en el pequeño pueblo de Saitas, en los montes de Troodos, paseaba por una senda en el bosque de viejos pinos negrales un amanecer neblinoso del sábado, como parte de mi ritual del fin de semana. Me despertaba de madrugada y caminaba por el bosque, respirando el aire fresco de la mañana, disfrutando de las maravillas de la naturaleza y admirando la majestuosidad de las montañas. Me asombraba esta armonía de la naturaleza mientras observaba a un conejo excavar una madriguera debajo de un arbusto, mientras una pareja de muflones (una especie de oveja salvaje que solo existe en Chipre) cruzaba la senda y un halcón sobrevolaba el cielo buscando su desayuno. Todo era sereno, casi surrealista, pero pacífico. Me sentía espectador de una sinfonía divina en el más sagrado de los auditorios.

Esa mañana llevaba en la mano el Libro de la Torah. Pensaba ponerme a leerlo en algún lugar del camino. Esa semana, la lectura semanal era el "Parashat Yithro" (una parte de la Torah que recibe este nombre por Yithro, suegro de Moisés) del Libro del Éxodo. Empieza con la visita de Yithro a Moisés en el desierto del Sinaí. Yithro trae consigo a Tzipporah, la esposa de Moisés, que había sido mandada a la casa de su padre junto con sus dos hijos, Gershom y Eliezer. Continúa con la narración histórica de cómo Moisés recibió los Diez Mandamientos.

A medida que llegaba a mi lugar favorito del sendero, desapareció la neblina de la mañana permitiendo que el sol calentara el aire de la montaña y despertara a las plantas. En la distancia, veía la luz que destellaba sobre las aguas azules del Mediterráneo, enmarcado por las montañas de Troodos, que aparecían cubiertas por su lujurioso tapiz de pinos negrales. Inspiré profundamente el aire fresco de la montaña y me senté sobre la hierba que crecía junto al árbol. A mi derecha, abajo, veía el pueblo de Omodos, famoso por su producción de vino, con sus casitas pintadas en azul y blanco, y sus calles estrechas de adoquines. Mis huesos se asentaban sobre el suelo cuando abrí la Torah y empecé a leer el capítulo del "Parashat Yithro". Llegué al versículo 20, donde Dios baja a la Tierra: "Dios bajó sobre el monte Sinaí a la cima de la montaña".

A medida que leía, pasó algo raro. Sentí que Elías me llamaba, aunque el único sonido que oía en realidad era el viento soplando entre los árboles. Pero esa sensación insistente no menguó ni desapareció. Dejé de leer y cerré los ojos. Apareció nítidamente el rostro de Elías. Tenía su penetrante mirada sobre mi cara pero se mantenía en silencio. Me observaba como esperando a que dijera o hiciera algo. Me incliné hacia atrás, me eché sobre el suelo y coloqué la Torah sobre mi pecho. De repente, en un instante, me encontré de pie junto a él, cerca del majestuoso jardín blanco delante del palacio.

Elías tenía el aspecto de un abuelo bondadoso y protector con su pelo y su barba blancos como la nieve. Sus ojos, dos diamantes oscuros y brillantes, irradiaban sabiduría y divinidad, como pozos de conocimiento. Caminó hacia el banco de mármol, se sentó, y me miró, mientras yo permanecía de pie al otro lado de la mesa. Sonrió con unas profundas arrugas alrededor de la boca. Me hizo señas de que me sentara en el banco opuesto al suyo y extendió su mano derecha sobre la mía. Sentí su fuerza; mi mano descansaba sobre la suya y me daba seguridad. Después apoyó las manos sobre la mesa mientras yo hacía lo mismo, con mis manos aún percibiendo la tibieza de su tacto. Me dio la bienvenida. Yo sabía que él iba a hablar de los Diez Mandamientos; por qué, no lo sé, pero tenía esa certeza.

—El Creador decidió establecer orden en el caos —dijo Elías—. A los israelitas les fueron dadas una serie de leyes fundamentales sobre cómo debían tratarse entre ellos y a sí mismos, y cómo debían tratar a la naturaleza—. Hizo una pausa y me miró con atención. Lo que vio debió agradarle, porque continuó—. El Creador quería que los israelitas se dieran cuenta de la importancia de esa fase en la evolución de la sociedad humana: su transformación, por medio de nuevas normas, de un estado instintivo y natural a una civilización guiada por valores morales e intelectuales. Por eso bajó sobre el monte Sinaí y cubrió la cima con una nube, a fin de otorgar a Moisés esas leyes. Con fuego y humo, ordenó a Moisés que compartiera estos conocimientos con su gente, para que ellos pudieran pasar esas normas y valores a otras naciones.

Capítulo VI

Estaba sentado delante de ese hombre santo con la mente en blanco. No podía apartar la vista de ese rostro que resplandecía contra la blancura de nuestro entorno. Es difícil explicar en palabras las cosas que no son de este mundo, pero en ese momento me sentí en una atmósfera blanca de total pureza, y esa blancura era celestial, sin comparación ni símil alguno en la Tierra. No podía pensar en absoluto. Solo miraba su cara. Entonces sonrió, puso las dos manos sobre la gran mesa de mármol blanco, se levantó y me hizo una señal para que lo siguiera. Me puse de pie despacio; estaba temblando. Las preguntas se atropellaban en mi mente, ¿dónde vamos? ¿Para qué?

Elías caminó hacia el magnífico palacio blanco con sus siete torres a lo largo de la fachada. Podía ver sus puntas, pero ninguna puerta o ventana. Lo seguí. Mientras cruzábamos el precioso jardín, una orquídea sobrenatural, muy alta y blanca, le hizo una reverencia. Otras plantas, con forma de tulipanes, desprendieron unos copos de nieve sobre el camino delante de él como bendiciendo su paso. Hipnotizado por esa visión majestuosa, caminaba varios pasos detrás de Elías, hacia la torre central que era alta y redonda y que, como las demás, tampoco tenía puertas ni ventanas. Él siguió sin detenerse y atravesó la gruesa pared de mármol de la torre.

Dudé y miré alrededor sin saber qué hacer. ¿Debía seguirlo y cruzar esa pared? Podía verlo caminando al otro lado. No se detuvo ni se dio vuelta. Así que lo seguí e hice exactamente lo mismo que él, quizá con un poco de temor. Continué detrás. A medida que atravesaba la pared, me detuve para mirar hacia atrás. Podía ver el jardín y la mesa blanca. Era sorprendente, ¡estar rodeado de paredes a través de las cuales se podía ver y caminar!

Aceleré el paso, no quería perder de vista a Elías. Él caminaba a buen ritmo en la distancia y entró a un largo pasillo. Lo seguí un poco más rápido. A nuestra derecha estaba la pared de la torre y a nuestra izquierda, un pequeño patio vacío con un suelo que parecía hecho de algodón blanco. Al otro lado del patio había unas enormes cortinas sedosas que se movían con suavidad; eran tan grandes que no podía ver dónde terminaban. Estas cortinas ondulaban como una cascada que fluía desde un punto invisible en las alturas hacia abajo, sobre el suelo semejante a algodón blanco. Era una escena magnífica. Quería quedarme y absorber esa escena, pero tenía que apresurarme para alcanzar a Elías. Anduvo sin parar, hasta que se detuvo al cabo de lo que me pareció un largo tiempo. Su pelo y su barba se mecieron suavemente cuando giró la cabeza al mirar hacia atrás para esperarme.

En cuanto llegué a su lado, me agarró del brazo. Una cálida corriente eléctrica recorrió mi cuerpo. Lo miré, pero permaneció en silencio. Él miraba hacia adelante. ¿Esperaría algo o a alguien? Transcurrieron varios minutos con Elías sujetándome firmemente del brazo. Entonces noté un haz de luz. No podía ver su origen, pero la luz caía sobre el suelo a unos pocos pasos delante de nosotros. ¿Era esto lo que había estado esperando Elías? Yo era consciente de la firme pero amable sujeción de su mano en mi brazo y juntos avanzamos hacia el haz de luz. Cuando llegamos al punto en el suelo sobre el que incidía la luz, Elías se detuvo. Tardé unos segundos en darme cuenta de que ya no estábamos sobre el suelo. El haz de luz nos elevó y nos alejó del pasillo del palacio. Estaba impactado y excitado al mismo tiempo.

Unos segundos más tarde, el haz de luz nos situó sobre una superficie desnuda, redonda, suave y blanca. Ya no veía el palacio, sino solo nubes algodonosas debajo de nosotros; la luz permanecía bajo nuestros pies. Miré hacia arriba para intentar descubrir la fuente de esta luz, pero solo veía más nubes algodonosas y que la luz se extendía por el blanco infinito. Podía sentir todavía la sujeción protectora de Elías y lo miré. Permanecía de pie con los ojos cerrados. La capa blanca le cubría de los hombros a los pies y sus largos cabellos y barba casi le tapaban la cara. Irradiaba grandeza, gloria y gracia.

~~ — ~~

"El Creador quería que los israelitas se dieran cuenta de la importancia de esa fase en la evolución de la sociedad humana: su transformación, por medio de nuevas normas, de un estado instintivo y natural a una civilización guiada por valores morales e intelectuales".

~~ — ~~

Capítulo VI

Primer y segundo mandamiento del alma

"Soy Dios tu Señor, quien te trajo..."
"No tengas otros dioses delante de mí".

Elías levantó su mano derecha y, apuntando hacia el haz de luz, dijo: —El hombre fue creado por la forma del Creador—. Hizo una pausa antes de continuar—. En los dos primeros mandamientos, el Creador se reveló a Moisés como su Creador, su única fuente de poder, entendimiento y espiritualidad—. Volvió a quedar callado y luego siguió—. Los dos primeros mandamientos instruyen al Hombre para que dirija su mente y su conciencia hacia el interior, hacia su fuerza de vida, al Creador, a fin de que la humanidad esté consciente de su alma, que es el canal mediante el cual el Hombre se conecta con Él.

Se volvió hacia mí y abrió los ojos revelando su ilimitada sabiduría; su mirada me atravesó el alma. Temblando, me puse a su lado intentando comprender lo que me acababa de decir. De alguna manera encontré el coraje para preguntarle: —¿Fue esa la primera vez que el Creador hizo al hombre consciente de su alma?

—Correcto —contestó Elías—. El Creador quería que el hombre conociera la existencia del alma y pusiera su atención en ella.

Tercer mandamiento del alma

"No tomes en vano el nombre de Dios, tu Señor".

Entonces, Elías miró nuevamente hacia el haz de luz, volvió a levantar la mano y dijo: —En el tercer mandamiento, el Creador le comunicó a Moisés que el alma del hombre es pura y sin maldad—. Hizo una pausa, seguía apuntando hacia la luz con una mano y me sujetaba firmemente el brazo con la otra—. Ningún alma es malvada, ningún alma es inmoral. El hombre no debería buscar la verdad más que en su interior, pues el Creador se encuentra en su propia alma—. Volvió a callarse, puso su mano derecha sobre su pecho, con la palma sobre el corazón, hizo una reverencia y cerró los ojos.

Me sentí congelado. Tenía las piernas débiles y estaba mareado. Si no hubiera sido porque Elías me agarraba del brazo, no hubiera podido permanecer de pie. No era capaz de pensar ni hablar.

Cuarto mandamiento del alma

"Acuérdate del sábado…"

El propósito del cuarto mandamiento era dar a la humanidad un descanso de sus rutinas diarias y que tuviera la oportunidad de nutrir y comunicarse con su alma —continuó Elías, manteniendo la mano derecha levantada hacia esa luz—. Al crear un tiempo libre sin distracciones, el hombre puede crecer en su espiritualidad y desarrollar su alma. Tanto si ese tiempo es corto o largo, permite que el hombre se conecte al Creador por medio del alma, dándole el espacio que necesita para recordar su propósito, el motivo por el cual vino a la Tierra.

Dejó de hablar. Su voz era cada vez más débil y me agarraba el brazo con menos fuerza. ¿Qué sucesos habría vivido?, me preguntaba. ¿Por qué habíamos venido a estar en este sitio rodeado de nubes blancas, con este haz de luz? ¿De dónde venía la luz y cuál era su motivo? Las preguntas revoloteaban en mi cabeza mientras permanecíamos en el vasto silencio.

Elías no dijo nada, siguió de pie a mi lado, con su cara y su mano apuntando hacia la luz.

Quinto, sexto, séptimo, octavo, noveno y décimo mandamientos del alma

"Honra a tu padre y a tu madre…"
"No cometas asesinato".
"No cometas adulterio".
"No robes".

Capítulo VI

"No levantes falso testimonio…"
"No sientas envidia…"

—Los primeros cuatro mandamientos se asocian a la relación del hombre con su alma y con el Creador —dijo Elías de improviso—. Los otros seis mandamientos se relacionan con la interacción con otras almas, y su objetivo es dar al hombre el conocimiento de las necesidades de esas otras almas para que sea consciente de quienes lo rodean. Familiares, amigos, vecinos: todos son semejantes; son almas que comparten las mismas necesidades básicas, y están todas en la Tierra para desarrollarse y progresar al implementar esas leyes morales básicas que el Creador dio a Moisés. Los últimos seis mandamientos instruyen al hombre para que no obstruya o perjudique a otras almas frente al logro de su propósito.

Lo miré. Bajó su mano derecha hacia su costado e hizo una reverencia. Sabía que había terminado de hablar y me sentí en calma y en paz.

Apenas empezaba a procesar en mi mente lo que acababa de escuchar cuando el haz de luz nos levantó despacio y nos transportó de vuelta al largo pasillo del palacio blanco, donde Elías finalmente soltó mi brazo. Pasamos por el patio, atravesamos la pared de la torre, caminamos por el jardín, y ocupamos nuestro lugar a ambos lados de la mesa blanca.

Esperé a que hablara. Permanecía sentado con las manos sobre la mesa, una sobre la otra, y tenía los ojos cerrados. Por fin dijo: —Someterse a los Diez Mandamientos es una de las cosas más importantes que puede hacer la humanidad para mejorarse a sí misma—. Entonces se levantó, miró hacia el palacio y se alejó caminando.

No tuve miedo; solo quería permanecer en ese lugar mágico, aprender más, oír más cosas. Abrí los ojos y me encontré de vuelta sobre mi manta en los montes de Troodos bajo la sombra de los pinos. Miré hacia el cielo azul sobre mí; la luz se derramaba sobre la montaña; en la distancia veía la plaza central de Omodos llena de turistas.

Me senté y con la espalda apoyada contra el tronco del árbol, empecé a leer el "Parashat Yithro" desde la línea en que puse el dedo, el versículo 17: "No tengáis miedo" dijo Moisés a su gente. "Dios solo vino para levantaros. Su miedo estará en vuestros rostros y dejaréis de pecar".

Cerré los ojos y pensé en lo que Elías, el profeta, mi maestro espiritual, me acababa de enseñar. Encajaba tan bien con ese versículo; tenía un sentido perfecto.

Si todos los hombres y mujeres pudieran ser conscientes de sus almas, conectarse a ella y seguir las diez normas que el Creador dio a Moisés: "Dios solo vino para levantaros. Su miedo estará en vuestros rostros..." La humanidad dejaría de equivocarse: "y dejaréis de pecar".

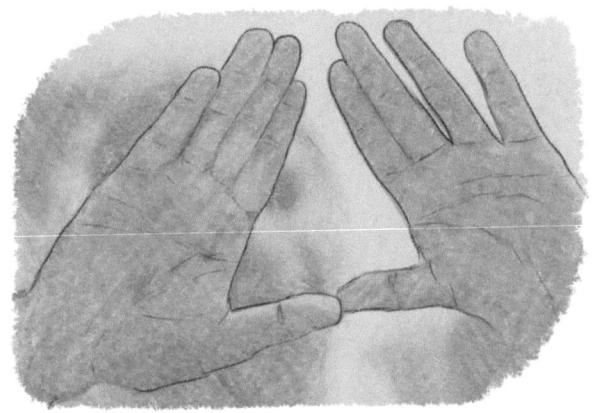

Capítulo VII:

La función de los opuestos complementarios

~~~ — ~~~

Como muchos otros, he tenido mi parte de felicidad y de tristeza. La coexistencia de lo positivo y lo negativo, lo bueno y lo malo, ha preocupado a muchas personas. Durante generaciones, hemos visto los vaivenes de la luz y la oscuridad, como olas del océano fluyendo contra la costa. ¿Por qué vivimos en un mundo de opuestos? ¿Cuál es el propósito? ¿Por qué tenemos momentos de alegría y otros de zozobra? ¿Cuál es la función del mal? Estas preguntas me causaban perplejidad.

~~~ — ~~~

"El nuevo mundo": Sinfonía n.º 9 (Dvořák)

Conducía mi automóvil bajo una lluvia helada por las calles oscuras, cubiertas de hielo, de San Luis. ¿Por qué me arriesgaba a salir de mi cómodo apartamento en una noche tormentosa como esa? No podía perderme la oportunidad de asistir a un concierto de la orquesta sinfónica de San Luis, ¡solo por eso! Mientras continuaba por el bulevar Lindell hacia Grand Avenue para llegar al auditorio Powell, sede de la orquesta sinfónica STL, me sentí lleno de alegría y excitación, porque en el programa vespertino tocarían la maravillosa "Sinfonía del Nuevo Mundo, n.º 9", de Antonín Dvořák.

Además de Antonio Vivaldi, Dvořák es uno de mis compositores favoritos. De acuerdo con los historiadores de música clásica, a Dvořák le fascinaba e inspiraba tanto la música nativa americana como el alma resonante de la cultura folclórica afroamericana. Cuando escribió su sinfonía n.º 9, incluyó lo esencial de ambas culturas. Utilizó sus temas y transformó sus sonidos característicos en ritmos modernos y gloriosas sinfonías clásicas.

A medida que me hice mayor, se desarrolló en mí una pasión por la música clásica, la cual había sido plantada en mi alma mucho tiempo atrás, mientras vivía en el kibbutz. Todos los días, más o menos a las 9 de la noche, Shaul, mi carismático padrastro italiano, hacía un aromático café espresso y lo vertía en dos pequeñas tazas de porcelana blanca, una para él y otra para mí. Quitaba la nata depositada sobre una jarra de cristal llena de leche fresca y la mezclaba dentro de cada taza. Mi padrastro estaba muy orgulloso de su café. Ahora sé que no es muy adecuado que niños de diez años lo beban, sobre todo por la noche, pero me encantaba este ritual. Además, añadía más nata a mi taza que a la suya.

—Doobusie —me decía—. Andiamo, es la hora de la ópera. Se sentaba junto a la radio en su viejo sofá de cuero marrón, envuelto en un albornoz de franela verde. Yo me sentaba en la alfombra a sus pies, con mi taza de espresso en las manos, y juntos nos sumergíamos en una mágica hora de ópera. Mi padrastro fue un gran trabajador; era uno de los operarios del kibbutz y arreglaba muebles, puertas y ventanas, además de fabricar juguetes para los niños cuyos padres no podían permitirse comprarlos. Ayudaba a todos más allá de su deber. No estábamos demasiado bien en cuanto a economía, pero él disfrutaba de esos pocos momentos de placer todas las tardes; es una costumbre que conservo, ¡además de la pasión por los espresso contundentes!

Él atesoraba todos los tipos de música clásica, pero más que nada, la ópera. Su favorita era *Madame Butterfly* de Puccini. Aún lo recuerdo con nitidez, recostado en su viejo sofá marrón levantando los brazos y dirigiendo con pasión la orquesta invisible, los ojos cerrados y su cuerpo entregado al cálido abrazo del viejo sofá, sonriendo con deleite en cuanto empezaba el programa nocturno. Las voces vibrantes se mezclaban en una armonía perfecta con los sonidos nocturnos de la naturaleza que llenaban nuestro salón.

También me encantaba oír la radio los sábados por la mañana durante varias horas, cuando Kol Israel emitía *La adivinanza musical de la semana*. Los oyentes escuchaban un corto extracto de una pieza clásica. Tenían que llamar a la emisora para decir el nombre del compositor y de la pieza musical. Todos los sábados, cuatro miembros de nuestra orquesta local, el cuarteto del kibbutz Givat Brener, se reunían para intentar resolver la adivinanza. Por supuesto, mi padrastro y yo también intentábamos resolverla, bueno, sobre todo él, y no siempre teníamos éxito. Pero nuestro hogar se llenaba de alegría cada vez que el equipo del kibbutz daba una respuesta acertada, y ganaban con frecuencia.

Durante esas mañanas de fin de semana, conocí maravillosas piezas maestras como las Cuatro Estaciones de Vivaldi, la sinfonía n.º 9 de Mahler, la sinfonía n.º 9 de Dvořák ("Nuevo Mundo"), la sinfonía n.º 3 de Beethoven ("Heroica") y muchas otras. Y así ocurrió que durante esas horas serenas, se plantaron semillas en mi alma, semillas de pasión y devoción por la música clásica, de manera que el gélido invierno no iba a impedirme asistir a la pieza maestra de Dvořák.

Evidentemente, no era el único a quien las ráfagas de lluvia helada no habían logrado disuadir. La antesala del auditorio Powell se parecía al Palacio de Versalles, con sus filas de esplendidas arañas de cristal colgando desde el filigranado techo de yeso, bajo el cual esperaba un público devoto. El cálido auditorio parecía un mundo encantado de ostentación francesa; por encima de las butacas, una gran cúpula con figuras cubiertas con pan de oro dominaba el techo; las barandillas de los palcos tenían pequeñas cortinas con rebordes de terciopelo rojo.

Me relajé en mi asiento y esperé lleno de anticipación a que empezara el concierto. El primer violinista, el chelista y la sección de viento subieron en silencio al escenario y tomaron asiento para empezar a afinar sus instrumentos. Unos minutos más tarde, las luces del auditorio Powell se atenuaron; el público irguió la espalda, y se oyeron las últimas toses y los pitidos de los teléfonos móviles apagándose. El concierto estaba a punto de empezar.

El silencio que desciende justo antes de que un concierto comience es casi sagrado; es un silencio portentoso que presagia algo grande. Un aplauso eufórico rompió la noche cuando el director de la orquesta se puso delante, miró hacia el público, hizo una reverencia, y volvió a girar hacia sus músicos. Levantó la batuta, hizo un gesto al primer violinista, y el armonioso sonido de las cuerdas tocando el primer movimiento de la sinfonía llenó el auditorio.

Adagio

Inspiré profundamente relajado, cerré los ojos, como siempre hago cuando quiero sentir la música sin ninguna distracción visual. En pocos segundos, me sumergí en un océano de vibración, como si estuviera dentro de los sonidos, redondos y tubulares, imbricados en las cuerdas de los instrumentos, y eso me llevó hacia un viaje asombroso. Las olas de la orquesta llenaban todo mi ser y me elevaban hasta que me fundía con la flauta, cuyas notas tocaban el techo ornamentado y se posaban tranquilamente sobre el público hechizado. Los tonos bajos del oboe vibraban a través del piso y casi percibía la madera de los instrumentos enviando sus acordes a mi corazón.

De repente, el auditorio Powell se disolvió en una neblina y me encontré en el familiar Mundo Blanco, en frente de las gigantescas puertas de mármol. Me sentía embriagado y, con gran expectación, entré por la puerta abierta hasta el jardín, donde me senté a esperar a que apareciese Elías. Mientras esperaba eché un vistazo alrededor. Contemplé los jardines más asombrosos jamás vistos. Los exuberantes capullos de las enormes orquídeas adornaban la zona junto a las puertas; a mi derecha, frente al palacio, vi rosas con pétalos en forma de corazón; junto a la blanca mesa de mármol observé varias plantas pequeñas parecidas a tulipanes, de sus pétalos manaban copos de nieve que parecían salir del interior. El jardín parecía real, estar vivo, lleno de energía cinética, aunque era un lugar lleno de paz y calma. No había un cielo ni un sol, y tampoco se escuchaba ningún ruido. Todo lo que oía eran los últimos compases del "adagio" de Dvořák.

Largo

Me sentí inundado de un intenso sentimiento de felicidad mientras que la calma se volcaba sobre mí como un baño de luz cristalina. Todo mi cuerpo se encendía. Entonces lo vi.

Elías empezó a acercarse desde una gran distancia y en seguida estuvo a mi lado. Era como si flotara en la onda sonora invisible de los clarinetes de la orquesta. Cerré los ojos con un sentimiento reverente y en mi interior se formó la intención de dejar que todos mis sentidos se conectaran con esta visión y sonido divinos. Como si Elías leyera mi mente y conociera las preguntas que no había formulado, empezó a hablar con un tono comedido.

—Todos los opuestos, luz y oscuridad, el bien y el mal, existen sobre la Tierra por una razón principal. Este principio es fundamental en la naturaleza—. Escuchaba a Elías como si estuviera sentado al otro lado de la mesa. Abrí los ojos y vi que apoyaba las manos sobre ella. Tenía sus ojos cerrados así que yo también los cerré con rapidez.

—Sí, sé lo que pensáis —continuó—. Aprendéis a apreciar el bien con las experiencias del mal, pero en realidad esto no guarda mucha relación con los humanos. Tiene que ver con la propia naturaleza.

Mantuve los ojos cerrados y caí en la cuenta de que mi capacidad de escuchar y concentrarme se intensificaba.

—Para que la naturaleza sea sostenible, evolucione y se mantenga viva, necesita de unos opuestos que se complementen, un movimiento cíclico, una rotación de esos opuestos —continuó Elías—. La naturaleza necesita la luz y también su complemento, la oscuridad. Para progresar, requiere del amor y la dulzura, y de sus opuestos, el odio y la crueldad. Creación y destrucción son esenciales como un todo para la naturaleza, pero de manera específica para proporcionar un medio de progreso para los humanos. Creación y destrucción son los elementos básicos sobre los que está creada, y todos los demás opuestos: luz, oscuridad, húmedo, seco, bien, mal, son solo parte del espectro de ese ciclo de creación y destrucción.

Hizo una pausa, lo que me permitió digerir lo que acababa de escuchar. El ser humano es parte de la naturaleza, pensé. Los humanos podemos trascenderla porque tenemos una mente racional. Tenemos días buenos y malos. Todos mantenemos algo bueno en nuestro interior pero también tenemos un lado oscuro. Esto son partes del todo, partes de lo que somos.

—Esos opuestos son, desde luego, esenciales y se complementan —dijo Elías, leyendo mi mente—. Para que la naturaleza exista y evolucione, debe englobar ambas polaridades, creación y destrucción, y para que puedan nutrirse, todos los seres vivos también deben englobar los dos elementos. El fuego puede arder y darte comodidad durante las noches frías, pero también puede quedar fuera de control y provocar muerte y destrucción. Lo mismo ocurre con el agua, es una sustancia básica para todas las formas vivas, pero puede ser devastadora.

~~ —— ~~

—Todos los opuestos, luz y oscuridad, el bien y el mal, existen sobre la Tierra por una razón principal. Este principio es fundamental en la naturaleza—. Escuchaba a Elías como si estuviera sentado al otro lado de la mesa. Abrí los ojos y vi que tenía las manos apoyadas sobre ella. Tenía sus ojos cerrados así que yo también los cerré con rapidez.

~~ —— ~~

Scherzo

No puede ser tan simple, pensé, y abrí los ojos. La naturaleza siempre me había parecido más complicada que eso. Le miré. Seguía con los ojos cerrados y su rostro irradiaba una tremenda gloria; tenía las manos apoyadas suavemente delante de mí. En su presencia el fondo siempre desaparecía; él llenaba toda la escena.

—Bien, no es así de sencillo —le escuché—. Complementarse no significa que cada opuesto exista separado del otro. Por el contrario, en todo mal hay algo de amabilidad; en toda luz hay oscuridad; en cada acto de locura hay alguna medida de cordura. Nada es pura luz ni oscuridad; nada es del todo bueno o malo. Cuando oyes reír, también podrías detectar el sonido de la pena.

Dejó de hablar. No oía más que los instrumentos de cuerda de la orquesta con las flautas y el eco de un triángulo. Miré a Elías a la cara y me sobrecogió su divinidad majestuosa. Entonces abrió los ojos, dos diamantes oscuros brillantes que irradiaban sabiduría, y me miró a la cara. Sentí una opresión en mi pecho, apenas podía respirar. Un enorme caudal de energía fluyó de esos ojos asombrosos, lavando el interior y el exterior de mi cuerpo con una dulzura celestial. Seguía sin poder respirar ni moverme. Me sentía cautivo de un poder increíble, sin dejar de sentir una divina bendición.

Allegro

—Pon las manos enfrente tuyo —ordenó Elías—, con las palmas hacia mí, los pulgares tocándose hacia adentro y ambos índices levantados apuntando hacia sí pero sin tocarse. Forma un triángulo abierto con los pulgares y los índices.

Obedecí. En silencio, extendí las manos a la altura de los hombros y con las palmas hacia él, compuse un triángulo. Podía ver sus ojos brillantes a través de la forma geométrica.

En ese momento, escuchaba en el auditorio el sonido de la trompeta imponiéndose a los instrumentos de cuerda.

Elías cerró los ojos. —Bien, esto es lo que es la naturaleza —dijo—. Tus manos forman un triángulo con el vértice superior abierto, lo cual es el símbolo de los tres principales elementos. En un lado, en la base inferior, está la fuente de la que se originan todos los seres vivos, y los otros dos lados representan los demás elementos, lo positivo y lo negativo: los opuestos. La base, donde tus pulgares forman una línea continua, proporciona un fuerte soporte para los demás componentes de la naturaleza. Es el cimiento que inicia todos los elementos de la naturaleza y continúa compartiéndolos a medida que estos evolucionan. Y cuando evolucionan, aunque sean diferentes, permanecen conectados por medio de la base, porque todos comparten las mismas necesidades básicas. No serán capaces de evolucionar a menos que sigan las leyes de la naturaleza, que están grabadas en la fuente. A cada lado del triángulo, marcados por tus dedos índice, están los opuestos, las entidades complementarias de la naturaleza. Un lado es lo positivo y el otro es lo negativo. Ambos comparten la fuente, donde ambos son lo mismo y de lo que se origina todo, pero a medida que la naturaleza evoluciona, estas entidades complementarias forman un triángulo casi perfecto. La distancia entre lo positivo y lo negativo se hace más pequeña, como si ambas estuvieran ansiosas por unirse, aunque nunca lo harán. Permanecen como entidades perfectamente delimitadas.

Fascinado, me miré las manos, pero antes de poder decir nada, Elías continuó: —Tus manos componen una figura que representa lo que es la naturaleza. Dentro de esta forma perfecta es donde las cosas vivas existen y donde se comparten las necesidades básicas, aunque a la vez son distintas y se complementan. Cada cosa está bien definida aunque dependa de la otra. Así, estos elementos vivientes continúan perfeccionándose, como tus dos dedos índices, que casi se tocan para componer un triángulo perfecto, así las formas vivas seguirán evolucionando por siempre, mientras que lo positivo y lo negativo permanecerán como entidades singularmente definidas.

Elías se calló como si esperara mi respuesta. Apoyé las manos sobre la gran mesa de mármol y cerré los ojos para asimilar su enseñanza. Es una ironía, pensé para mí mismo, luchar por la felicidad aunque la tristeza sea igual de importante para nuestro desarrollo, y que nos esforcemos por satisfacer nuestros deseos, mientras que no lograrlos tiene una función importante en nuestro crecimiento. Abrí los ojos. Elías había desaparecido y me encontré solo en ese jardín celestial. Supe que debía volver al auditorio Powell.

Retorné despacio a la sala de conciertos mientras sonaban los últimos acordes del "allegro", el último movimiento de la sinfonía del "Nuevo Mundo", justo cuando el público empezaba a aplaudir con estruendo.

Abrí los ojos y me uní a la gran ovación de pie de la audiencia. Todo mi cuerpo temblaba y mi mente procesaba el viaje que acababa de realizar. Miré hacia arriba y durante unos segundos observé un gigantesco embudo, con su parte superior rodeada de una nube blanca y su fondo colgando justo encima de mi asiento. Pero se evaporó en la cálida luz de las lámparas de cristal del auditorio Powell.

¿Qué importancia tenía la sinfonía n.º 9 de Dvořák en mi enseñanza sobre la función de los opuestos complementarios? ¿Lo descubriría alguna vez? Desde luego, sentía que mi asistencia a ese concierto esa noche tenía un propósito. Aparte de la conexión con Dvořák, ahora comprendía que tanto el bien como el mal tienen una función igualmente importante en la naturaleza y el desarrollo humano.

Todos compartimos los mismos cimientos, vivimos de acuerdo con unas reglas comunes, pero para lograr el propósito de nuestra alma, cada uno de nosotros debe caminar por la luz y la oscuridad. Necesitamos experimentar tanto lo bueno como lo malo, y solo así, mediante ese movimiento cíclico, con la rotación de los opuestos, continuamos evolucionando.

—Tus manos componen una figura que representa lo que es la naturaleza. Dentro de esta forma perfecta es donde las cosas vivas existen y donde se comparten las necesidades básicas, aunque a la vez son distintas y se complementan. Cada cosa está bien definida aunque dependa de la otra.

Capítulo VIII:

Adivinar la verdad

Desde los albores de la humanidad, lo místico, lo divino y los fenómenos sobrenaturales nos han fascinado. Incapaces de racionalizarlo ni explicarlo, algunos dicen: "Dios actúa de manera misteriosa". Otros afirman: "Todo viene de Dios".

El sufismo, la cábala y la mística dentro de la religión siempre me han interesado. Durante mi infancia en el kibbutz, mi manera preferida de pasar el tiempo era cerca de la naturaleza, cuidando de mis abejas y palomas, jugando con mis perros y conejos, paseando por el bosque de eucaliptos o cruzando por los naranjales. La vida en el campo estimuló sentimientos en mí que no he vivido en ningún otro lugar. Sentía una alegría interior, una cercanía y conexión con algo puro y extremadamente poderoso, pero que, como niño, no podía comprender.

A medida que me hice adulto, busqué, leí y discutí miles de ideas y percepciones con las personas afines que conocí en los talleres de chamanismo y en la India. Cuanto mayor era mi dedicación al reino místico de las antiguas filosofías, más me daba cuenta de lo poco que sabía y de todo lo que aún me quedaba por explorar.

Adivinación

Una cálida mañana de un viernes primaveral, inicié un largo trayecto desde San Luis, Misuri, a Washington D.C., ansioso por asistir a un taller chamánico avanzado sobre adivinación. Hacía un mes que mi buen amigo Dana me había enviado una invitación. La adivinación chamánica me entusiasmaba y enseguida me inscribí en ese evento de fin de semana.

Ya había pasado bastante tiempo desde que asistí al taller sobre Morir y el más allá en el hostal Pine Tree, cerca de Washington D.C. Desde entonces, hice muchos viajes chamánicos para mi familia, mis amigos y otras personas, y recordaba con todo detalle ese asombroso viaje a mi padre fallecido, que ocurrió mientras estaba en el hostal. La oportunidad de desarrollar mis prácticas y de encontrarme con mi amigo Dana me entusiasmaba. Además de ser una gran persona y un buen amigo, Dana es un facilitador asombroso, y me sentía inspirado por su compromiso y dedicación.

El viaje de 12 horas se hizo llevadero por la autopista I-70, y una increíble sensación de embeleso y libertad me embriagó cuando pasé por los estados de Illinois, Indiana y Ohio. A última hora de la tarde, entré en el aparcamiento del edificio de Dana. Estábamos a unos cuarenta minutos de la pequeña cabaña en el bosque donde tendría lugar el curso, y él insistió en que me alojara en su casa. Podíamos desayunar juntos y conducir hasta el taller por la mañana. Una lluvia ligera bañaba los sauces de la calle cuando llamé a su puerta.

La presencia de Dana llenó el marco de la puerta y nos dimos un gran abrazo.

—Ven —me dijo y caminó cruzando el salón hasta su despacho, con unas anchas ventanas que daban a una pradera de césped—.

Capítulo VIII

Este será tu dormitorio durante el fin de semana. Es un sofá cama —dijo apuntando hacia el mueble de piel negra—. Espero que te sientas cómodo.

—No te preocupes, amigo —respondí entre risas—. Estuve en el ejército y tuve que dormir en lugares horrendos. No será peor que descansar sobre las dunas del desierto.

Miré alrededor de la habitación. Una vieja alfombra de cachemira cubría la mitad del suelo de madera y las revistas del museo Smithsonian cubrían una mesa acristalada. Las estanterías, encima del escritorio, rebosaban de libros sobre chamanismo y antropología.

—Este despacho parece el nirvana —dije. Ambos nos reímos.

—Supongo que tendrás hambre. ¿Qué quieres comer? Me acuerdo que tienes un asunto amoroso con los mariscos cocinados al estilo de Nueva Orleans —dijo con una media sonrisa y guiñando un ojo.

—¡Así es! —respondí riendo, emocionado de que se acordara de la primera vez que nos conocimos.

—Bueno, nunca olvidaré tu primer taller. Viniste por la comida y te enganchaste al chamanismo —dijo.

—Cambiaste mi vida, Dana —le respondí, mirándolo fijamente—. Gracias a ti la vida tiene mucho más sentido. Cuando terminé la universidad entré en el mundo empresarial y a medida que mi carrera profesional se desarrollaba, me alejé de la naturaleza, la pasión de mi infancia. Pero ahora la siento viviendo y respirando, como si la naturaleza estuviera más cerca de mí que mi propia sangre. Hay tantas dimensiones coloridas con un significado tan profundo en nuestras vidas y ahora vivo una clase de vida con más plenitud en muchas de esas dimensiones. Mi mundo es muy distinto a lo que era antes.

—Es a ti mismo a quien debes agradecer por estar abierto a este viaje —dijo Dana—. Entraste a este camino sin saber nada, pero le entregaste todo tu ser—. Puso su mano sobre mi hombro y sonrió—. Esto merece una cena especial—, y fuimos a la cocina, donde pasamos una velada placentera con deliciosos mariscos.

La luz plateada de la luna abría las nubes e iluminaba el ambiente mientras nos entregábamos a una deliciosa lubina chilena con salsa de mantequilla y vino blanco. Hacía mucho tiempo que no nos veíamos y teníamos mucho que contarnos para ponernos al día. Hablamos durante horas sobre los cambios en nuestras vidas, sobre nuestros puntos de vista espirituales y sobre nuestras esperanzas para el planeta.

Dormí profundamente hasta que me desperté con el aroma del café recién hecho y las gotas de lluvia lavando la ventana de mi cuarto. Nos sentamos en la mesa de la cocina para desayunar y un poco más tarde ayudé a Dana a cargar en su automóvil el material para el taller. Mientras se abrochaba el cinturón, listo para partir, me dijo: —Una taza de café no es suficiente. Vayamos al First Cup a tomar la segunda.

Aparcamos en frente del First Cup, un bar precioso lleno de lugareños que el sábado por la mañana discutían sobre el destino del mundo. Había un poco de espacio libre, así que nos sentamos en un pequeño reservado hecho de madera de roble. Ambos comimos unos pasteles de arándanos, lo cual nos dio energía, y después de unos cafés, pagamos, dimos las gracias al propietario y subimos al automóvil para ir a la cabaña. Fue un viaje agradable atravesando pueblos pequeños y lugares que no conocía. Es una bendición la primera vez que uno ve estos lugares. Lloviznaba sobre los estrechos caminos rurales y condujimos en pacífico silencio.

La cabaña, rodeada por un sereno bosque de robles, era un edificio de madera de una planta con grandes ventanas, una a cada lado de la puerta marrón de entrada. En mi interior burbujeaba la emoción cuando Dana aparcó y salimos del vehículo. La luz de la mañana nos guió hasta la entrada de la cabaña. De pie en el pórtico, junto a la puerta, me di vuelta y observé el bosque. Inspiré profundamente el aire fresco y cristalino del bosque. Me sentía agradecido de estar rodeado por tanta belleza y unos robles tan majestuosos.

Entramos a una gran habitación con un piso oscuro de madera. Parecía estar vacía, excepto por tres estanterías con unos libros en la pared de la derecha. Entonces oí las voces bajas de los demás, que estaban de pie en pequeños grupos; ya habían llegado algunos, que permanecían sentados en el suelo o apoyados en las paredes. La chimenea, en el lado opuesto a la entrada principal, llenaba el ambiente con un calor relajante.

Tendí mi manta en el suelo cerca del fuego y me senté quietamente para dejar que mis sentidos se acostumbraran al ambiente. Me di cuenta del cuaderno de notas forrado de cuero marrón que estaba

Capítulo VIII

encima de otros tres libros en frente de Dana y esperé con paciencia a que los demás tomaran su lugar. Los otros participantes también tendieron sus mantas y esteras, y dispusieron sus maracas y sus objetos icónicos alrededor. Éramos un grupo de personas con ganas de aprender y practicar chamanismo. A algunos los veía por primera vez, otros eran caras familiares de talleres anteriores. Era estupendo estar con gente que compartía mi afán y entusiasmo por explorar experiencias fuera de lo corriente.

Dana se sentó y cruzó las piernas sobre una manta gris y roja con bandas amarillas de los indios Navajo, y encendió una vela púrpura, mientras entonaba con suavidad cánticos chamánicos. Cerré los ojos y medité al ritmo de sus cánticos. Enseguida, se unieron otras voces, primero con timidez, para crear después unos sonidos extraordinarios que se fundían como una suave brisa.

Cuando terminamos el último cántico, Dana, sentado con el torso erecto abrió los ojos y observó al grupo con una sonrisa amable, deteniéndose a leer nuestras expresiones y asintiendo cuando reconocía una cara familiar.

—Buenos días —dijo—. Me llamo Dana y seré vuestro facilitador este fin de semana. Bienvenidos a este taller avanzado de adivinación chamánica. Por favor, presentaos. ¿Quién quiere empezar?

Éramos veintiún asistentes en la cabaña, muchos de la Costa Este; otros acudían desde Florida. Yo era el único del Medio Oeste. Pero compartíamos el mismo propósito. Dana nos hizo una breve introducción a la adivinación chamánica.

—La adivinación es una manera de revelar la verdad, un camino a la comprensión profunda de las circunstancias de una persona o una situación. En algunas sociedades no occidentales, continúa teniendo una función importante, revelando lo oculto, calmando la ansiedad y ayudando a las personas a abordar situaciones muy complicadas que exigen poner en práctica decisiones difíciles. También se suele utilizar para comprender el significado de los sueños y las visiones. La adivinación siempre fue parte integrante del chamanismo. Los participantes de un taller de adivinación tienen la oportunidad de embarcarse en viajes para otros y para sí mismos, y adquirir experiencia en el uso de varios métodos comprobados.

La habitación permanecía en silencio mientras asimilábamos lo que había dicho.

—En la adivinación, la función del chamán es mediar, actuar como un intermediario —continuó Dana—. Al explorar y ofrecer una lectura y una interpretación inicial, evita que la persona que busca una respuesta proyecte deseos personales. Una de las tareas típicas del chamán es viajar a una realidad no ordinaria para conocer las respuestas a unas preguntas, a solicitud de otros o para sí mismo. En vuestra búsqueda por convertiros en personas con conocimientos de adivinación, os enseñaré a conectaros a la creación, a la naturaleza, tal como lo han practicado los chamanes desde tiempos inmemoriales. Interactuaréis con plantas y con especies animales, utilizaréis cristales de cuarzo, y buscaréis y recibiréis revelaciones de orígenes visionarios.

Mundo Rojo

Dana hizo una pausa y tomó su tambor, un gran bastidor redondo de madera con cuero curtido y estirado por sus bordes. Lo agarró con la mano izquierda, mientras que en la derecha sostenía un palo con una bola de paño negro en la punta. Empezó a tocarlo con suavidad. Al instante, me zambullí en el Mundo Inferior para encontrarme con mis animales de poder, mis ayudantes espirituales.

El agua clara me dio la bienvenida mientras permanecía de pie en la orilla del gran orificio en el fondo del océano. Atravesé con rapidez el agujero para caer por el tobogán sobre la pequeña laguna de la cueva. Me levanté, salí del agua y crucé la pequeña puerta terminada en arco a medida de los hobbits. La neblina refrescante del bosque mágico sopló suavemente en mi cara, y solo unos pocos rayos de sol atravesaban la gruesa capa de largas agujas de los pinos. Vi a Oso sentado sobre la hierba verde, reposando su cabeza sobre sus dos patas delanteras. Levantó la cabeza y me miró con una gran amabilidad y sabiduría. Me sentí lleno de alegría al verlo con su lomo blanco como la nieve brillando al sol.

No quería dejar ese lugar de cuento de hadas, pero tenía que realizar un viaje y Oso iba a ser mi guía. Me subí a su grueso lomo y nos deslizamos dentro del bosque hacia la playa. La capacidad de volar de Oso siempre me asombraba; a pesar de ser tan enorme, ascendía con ligereza y me transportó sin esfuerzo a mi destino. Descendió a los pies de Hilla y se sentó sobre la arena, al borde del agua, justo donde las olas pierden su fuerza y retroceden hacia el mar abierto.

Hilla estaba sentada en la playa con la espalda recta, con su pelo negro lacio que caía como una cascada sobre sus hombros. No me saludó, aunque observé que era consciente de mi presencia y del propósito de mi visita. Miró hacia el océano y contempló a Delfín, jugando en el agua verde transparente.

Pasamos varios minutos en silencio. Sus largos dedos aceitunados jugaban con la arena como si estuvieran buscando joyas. Entonces me miró con sus preciosos ojos rasgados, sonrió, y estiró la mano para apoyarla con amor sobre la cabeza de Oso.

—Oso te transportará al Mundo Superior —dijo—. La adivinación es un tema que debes hablar con Elías—. Cerró los ojos, cruzó las manos sobre el pecho, y volvió a observar a Delfín.

Otra vez, salté sobre el lomo de Oso y me agarré de su pelaje. Hizo una señal para que me preparase y volamos a través de la gruesa capa de nubes a ese reino algodonoso del Mundo Superior que me era tan familiar. Caminé hacia el palacio blanco uno o dos pasos por delante de Oso.

Elías estaba de pie, esperándonos frente a las puertas. Nos detuvimos a unos pasos frente a él.

—Esta vez no entraremos en el jardín —dijo, empezando a caminar alrededor de la alta muralla hacia la derecha.

Después de una corta caminata en silencio, se detuvo y levantó la mano. También yo me detuve, expectante ante lo que iba a ocurrir. Giró hacia nosotros y nos hizo una señal para que lo siguiéramos. Miré alrededor, pero no había más que una neblina blanca. ¡Íbamos a salir de la capa blanca! Quedé sin respiración. Nunca había abandonado el Mundo Blanco para viajar a otro. Y sabía que, con Elías, eso sería un viaje maravilloso. Esta vez, Oso se me acercó y esperó con paciencia a que trepara sobre su espalda. Seguimos a Elías, que levantó la cabeza y las manos y ascendió en línea recta.

Pasamos varios planetas, viajando a través de vibrantes capas de distintos colores. Al final, aterrizamos en el último planeta, que era de color rojo. ¡Mi asombro no tenía límites! Miré alrededor. Tenía los sentidos llenos de la presencia de un color rojo muy fuerte que irradiaba un poder que nunca había visto o experimentado. Era como estar en el corazón de un fuego intenso que no daba calor y que no emitía sonido, pero que estaba vivo y en movimiento. Algo totalmente opuesto a la paz del Mundo Blanco, que no se movía; el Mundo Rojo poseía un movimiento fluido interminable.

Ahí estaba Elías, mirándome en calma y esperando a que me recuperara. Una vez que lo hice, caminamos sobre esa suave y acariciante, pero poderosa superficie roja. En un punto Elías se detuvo y se sentó en lo que parecía ser una gran piedra. Todo a nuestro alrededor tenía gradaciones de un rojo profundo y majestuoso. Oso no parecía afectado por este entorno y permanecía tranquilamente a mi lado. Esperé para ver lo que ocurriría. ¡El efecto de este poderoso silencio y de la energía del rojo era increíble! Me sentí humilde pero sin miedo, y fuertes emociones atravesaban mi cuerpo. Sabía que debía tener paciencia y esperar a que Elías me explicara el propósito de este viaje al Mundo Rojo.

Al cabo de un rato, se volvió hacia mí. Sus ojos oscuros, brillantes como dos raros diamantes negros, taladraron todo mi ser.

—¿Qué ves? —preguntó.

Me sobresalté; en el entorno no había más que tonos de rojo.

—Todo lo que veo es rojo —dije después de lo que parecieron horas.

Elías sonrió radiante y subió la mirada para decir: —Míralo directamente, observa a través del color. No mires solo con los ojos.

Levanté la cabeza. Creí comprender lo que me decía.

—Los humanos, normalmente, miran *a* un objeto —continuó—. Utilizan sus ojos y su mente para analizar todo lo que les rodea y formar una imagen con ello. Ese es vuestro sentido natural de la vista. Sin embargo, mirar a través de un objeto no es la manera usual de observar. Con este método, no debes hacerlo con los ojos y la mente, sino con el alma, empleándola para superar los límites de tu mente y del mundo tridimensional. Solo así puedes genuinamente experimentar el significado completo de ver, sentir y formar parte integrante de lo que observas. Solo entonces puedes conectarte con el alma del objeto—. Quedó en silencio, me miró durante un segundo y cerró los ojos.

Miré hacia el rojo neblinoso, permitiendo que este poderoso color me absorbiese, intentando unirme y convertirme en parte de él, ser uno con todo el entorno. Ahí estaba, sintiendo que me extinguía lentamente y dejaba que el rojo me poseyera y me consumiese. Despacio, percibí que me derretía. Como si perdiera el sentido de mí mismo, como si mi cuerpo y mi mente se transformaran en partes orgánicas de ese inmenso universo rojo.

~~ — ~~

—¿Qué ves? —preguntó.
Me sobresalté; en el entorno no había más que tonos de rojo.
—Todo lo que veo es rojo —dije después de lo que parecieron horas.
Elías sonrió radiante y subió la mirada para decir: —Míralo directamente, observa a través del color. No mires solo con los ojos.

~~ — ~~

"Al llegar al final alcanzarás el principio"

Era la visión más gloriosa que jamás había visto en toda mi vida. Formas similares a serpientes rojas flotaban en un enorme círculo que se abría en el espacio justo por encima de mi cabeza. El asombro me embargaba. Ese círculo y esas formas que se retorcían estaban más allá de mi entendimiento. Nunca había visto unas imágenes así. No conseguía apartar los ojos; era una revelación hipnótica.

Pensé que Elías me lo explicaría y diría qué sería lo siguiente, pero permaneció en silencio. Estaba sentado sobre la piedra con los ojos cerrados y la cabeza inclinada sobre el pecho. No parecía tener ninguna intención de ayudarme a comprender. Las formas dentro del círculo rojo eran como serpientes sin cabeza que flotaban en un líquido rojo, envolviéndose pero nunca tocándose.

—¿Qué es lo que debo comprender? —pregunté, aunque sabía que solo tendría la información en el momento adecuado.

De pronto, escuché una voz profunda y vibrante: —Hemos realizado un experimento.

Sabía que no era la voz de Elías. Esta voz era distinta. Solo podía venir del círculo rojo que estaba por encima de mí. Miré a Elías. No se movía, permanecía sentado en la roca con los ojos cerrados. Parecía uno con la piedra. Asombrado, levanté la cabeza para seguir mirando el color rojo. Tardé un largo momento en poder volver a hablar.

—¿Qué experimento? —pregunté finalmente—. ¿Qué significa? ¿Quién eres?

—Somos el Creador. Somos lo divino, la fuente de todo, el amor —respondió la voz—. Creamos el universo, los planetas, y la vida que los habita.

Quedé sin habla. Me encontraba en el Mundo Rojo hablando con el Creador.

—Hemos hecho un experimento —continuó la voz—, para crear distintos organismos con intelecto que puedan evolucionar sin fin en un planeta. Formamos a la raza humana en el planeta Tierra. Le dimos nuestra propia forma. En vuestro ser interior, sois como nosotros, pero con unos hilos restringidos.

Dudé un momento confundido, y pregunté: —¿Hilos de ADN?

—Sí —respondió la voz de inmediato—. Con un número limitado de hilos para que fuerais capaz de recrearos y evolucionar en una dirección distinta.

—¿Cuál dirección? ¿Con qué propósito? —pregunté.

—Queríamos crear un planeta autosustentable con una duración vital limitada en el que coexistieran los humanos con la naturaleza, donde la vida de todas las criaturas vivientes perteneciese a un ciclo natural. Necesitábamos saber si esta forma de vida podría desarrollarse y sostenerse sin que nosotros, el Creador, interviniésemos o la controláramos. Si este experimento tenía éxito, haríamos lo mismo en otros planetas.

—¿Fue exitoso el experimento? —pregunté.

La voz tardó en contestar. —Fallamos. La humanidad se dirige a su completa extinción. Os observamos y vimos que cuanto más os desarrollabais, más perdíais el contacto con nosotros, con lo que sois. A medida que progresasteis, os volvisteis más destructivos hacia vosotros mismos y hacia el mundo natural. Os creamos como una parte integrante y pura de la naturaleza; ahora estáis muy lejos de

Capítulo VIII

ese estado de pureza. Es como si los humanos y la naturaleza no pudieran coexistir en el mismo planeta.

—¿Qué va a ocurrir? —pregunté—. ¿Cuál es el plan ahora?

—Los humanos aún no tienen la capacidad de ver sin ojos, de observar más allá de las tres dimensiones. Sin embargo, pronto estarán preparados para vernos y apareceremos.

—Algunos pueden ver más allá, pero muy pocos pueden sentiros y observaros —respondí.

—Desde luego, y eso es parte del experimento —dijo la voz—. A medida que pase el tiempo, cada vez más almas sabrán cómo conectarse con nosotros mientras están en la Tierra. Como sabes, el universo entero funciona en ciclos, y también vuestro mundo. No permitiremos que os destruyáis. Tenemos que intervenir en la fase adecuada para llevar toda vuestra existencia a un estado de completa serenidad, donde todas las formas de vida, la humana y la natural, se sincronicen en un ciclo, de vuelta a la manera en que todo comenzó. La raza humana está a punto de conocernos, de saber sobre el experimento y su propósito. Entonces guiaremos a la humanidad hasta el final, al punto en que todos los seres vivan en armonía y todos los ciclos se completen entre sí.

—¿Ese será nuestro final? —pregunté.

—Sí —respondió la voz—. Al llegar al final alcanzaréis el principio.

~~~ Fin ~~~

¡Muchas gracias por tu lectura!

Estimado lector:

Espero que hayas disfrutado de Caminando con Elías: La fábula de una vida y un alma plenas.

Como autor, me gustan las críticas. Tú eres el motivo por el cual he escrito sobre mi trayectoria vital. Te pido amablemente que me digas qué te gusto y también lo que te desagradó. Me encantaría saberlo. Puedes escribirme a: doobie.shemer@gmail.com y visitar mi sitio web en: www.doobieshemer.com.

Para terminar, quisiera pedirte un favor. Como posiblemente sabrás, es difícil conseguir que los lectores escriban comentarios on-line. Como lector mío, te aseguro que tienes el poder de ayudar a otros a descubrir este libro.

Si dispones de un momento, puedes compartir tu comentario en este enlace a mi página de autor en Amazon: www.amazon.com/author/doobieshemer

Muchas gracias por leer Caminando con Elías: La fábula de una vida y un alma plenas, y por compartir tu tiempo conmigo.

Saludos cordiales:

Doobie Shemer

También de Doobie Shemer:

Alma Germinal: Poemas de la cosecha

Es una compilación de poesías escritas desde el corazón.
Para conseguir paz interior en tiempos de dolor.
Para un gratificante embeleso y una creencia renacida.
Para relajar el alma durante las temporadas de caída.
Para que brote la esperanza cuando luchamos por soluciones.
Para nutrir y sanar el alma herida.
Para iluminar el amor místico, para despertar su propia llamada.

www.sproutedsoul.net

Contacta con Doobie:

www.walkingwithelijah.com

www.facebook.com/Walking.With.Elijah.the.Book

www.twitter.com/Doobie_Shemer

www.pinterest.com/DoobieShemer/walking-with-elijah

www.ingramcontent.com/pod-product-compliance
Lightning Source LLC
Chambersburg PA
CBHW042100290426
44113CB00005B/107